本书为北京市习近平新时代中国特色社会主义思想研究中心重点项目
"新时代基层党建引领社会治理的内在机理及路径创新研究"（项目号：20LLZZB029）的阶段性研究成果

当代中国
协商民主与乡村治理研究

丁 云 樊宸余 ◎ 著

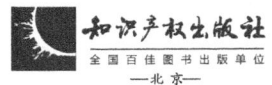

全国百佳图书出版单位
—北京—

图书在版编目（CIP）数据

当代中国协商民主与乡村治理研究/丁云，樊宸余著. —北京：知识产权出版社，2023.8
ISBN 978-7-5130-8575-5

Ⅰ.①当… Ⅱ.①丁… ②樊… Ⅲ.①乡村—民主协商—研究—中国 Ⅳ.①D621.4

中国国家版本馆 CIP 数据核字（2023）第 000335 号

内容提要

协商民主具有实践全过程人民民主、推进乡村有效治理的重要功能。当代中国协商民主与乡村治理创新立足于中国农村现有的经济、文化和社会条件，在现有农村基层政治制度框架内展开，在深化和完善村民自治制度背景下推进，体现了鲜明的中国特色。本书在探讨协商民主与乡村治理内在关联的基础上，梳理当代中国协商民主与乡村治理的互动进程及内生动力，剖析不同地区通过协商民主创新乡村治理机制的典型案例，揭示基层党组织的协商领导力，总结乡村治理机制创新的特点、经验及发展趋势。

责任编辑：张　荣　　　　　　　　　责任校对：谷　洋
封面设计：杨杨工作室·张冀　　　　责任印制：孙婷婷

当代中国协商民主与乡村治理研究

丁　云　樊宸余　著

出版发行： 知识产权出版社有限责任公司		网　址：http://www.ipph.cn	
社　址：北京市海淀区气象路50号院		邮　编：100081	
责编电话：010-82000860 转 8109		责编邮箱：107392336@qq.com	
发行电话：010-82000860 转 8101/8102		发行传真：010-82000893/82005070/82000270	
印　刷：北京中献拓方科技发展有限公司		经　销：新华书店、各大网上书店及相关专业书店	
开　本：787mm×1092mm　1/16		印　张：12.25	
版　次：2023年8月第1版		印　次：2023年8月第1次印刷	
字　数：165 千字		定　价：78.00 元	
ISBN 978-7-5130-8575-5			

出版权专有　侵权必究
如有印装质量问题，本社负责调换。

目 录

第一章 协商民主与乡村治理的内在关联分析 …………… 3
  一、协商民主与乡村治理具有深刻的内在契合性 …………… 4
  二、协商民主是实现乡村有效治理的现实要求 …………… 21
  三、协商民主是全过程人民民主的重要内容 …………… 30
  四、当代中国农村基层协商民主的特点 …………… 34

第二章 当代中国农村基层协商民主与乡村治理的互动进程 …… 37
  一、1949—1978 年：乡村治理过程中农村基层协商民主的初步探索 …………… 38
  二、1978—2012 年：市场经济促进农村基层协商民主的发展 …………… 41
  三、2012 年至今：以协商共治为重要导向的乡村治理机制逐步生成 …………… 44

第三章 当代中国农村基层协商民主与乡村治理的创新实践 ……… 46
  一、党群对话式协商 …………… 47
  二、外部监督式协商 …………… 58
  三、乡贤德治式协商 …………… 62
  四、民主自治式协商 …………… 65

第四章 当代中国农村基层协商民主与乡村治理互动的实质分析 … 72
 一、协商民主是人民当家作主地位在乡村治理过程中的
  重要实现形式 … 72
 二、经济体制的演进是二者关系变化的根本原因 … 81
 三、实现乡村有效治理是农村基层协商民主的目标追求 … 86

第五章 新时代农村基层协商民主与乡村治理创新的主要特色 … 92
 一、基层党组织在乡村协商治理中发挥主导作用 … 92
 二、从维护农民利益的角度出发,尊重农民平等参与协商
  治理的权利 … 104
 三、重视与农村原有基层政治制度的衔接与照应,
  节约制度创新成本 … 109
 四、因地制宜创新民主协商与乡村治理形式 … 115
 五、采取从个别创新、典型示范到逐步推广的渐进
  发展路径 … 120

第六章 当前农村基层协商民主治理创新存在的局限性 … 125
 一、农村协商民主的基本规范和程序性有待增强 … 125
 二、农村协商民主的治理机制创新带有一定的
  工具性色彩 … 128
 三、协商民主形式与扩大农村基层民主的宗旨尚有欠缺 … 130
 四、有的农村协商民主治理模式存在表面化、
  形式化的现象 … 132
 五、农村协商主体的协商理性和协商能力不足的问题
  较为普遍 … 135

第七章 推进协商民主赋能乡村治理的基本思路与对策 … 139
 一、坚定制度自信:协商民主是一种合乎国情和乡情的

治理形式 …………………………………………………… 139
　二、调动多元利益主体积极性，激发农村基层协商民主
　　　治理动力 …………………………………………………… 149
　三、强化协商民主程序设计，促进农村基层协商民主
　　　制度化建设 ………………………………………………… 157
　四、正确处理农村基层协商民主和票决民主的关系，
　　　建立二者有效衔接与互动机制 …………………………… 166
　五、培育和提升农村协商主体的理性协商意识与能力 ………… 173

参考文献 ……………………………………………………………… 181

后　记 ………………………………………………………………… 186

乡村治理是国家治理体系和治理能力现代化的重要内容，关系着乡村振兴战略的实施效果，影响着农村社会的秩序与活力。新中国成立后至改革开放以前，乡村治理长期实行的是自上而下的管理体制。虽然一直在开展基层民主探索，但并没有从根本上摆脱国家与社会的分立模式，没有在农村政治实践中探索出政府与农村各方力量有效合作的制度机制，农村政治民主化的进程缓慢。20世纪80年代以来实行的村民自治作为当代中国一项基本政治制度，其显著成绩和非凡意义毋庸置疑，但不可否认在实践中也存在一定偏差，村民自治所应包含的"四个民主"，在很大程度上是围绕"民主选举"而单兵推进，对农村选举之后的民主决策、民主管理、民主监督环节的关注相对不足。21世纪以来，随着经济社会的飞速发展，中国农村问题日益呈现出复杂化、多样化的特征。虽然各地农村所面临的问题的成因、性质、程度和影响有所差异，但问题的解决需要政府与包括广大民众在内的多方力量有效合作已是大势所趋。协商民主的内在价值决定其能够为解决村民自治中存在的问题提供有效手段和平台，从而有效地推进和完善乡村治理。随着中国特色社会主义进入新时代，以习近平同志为核心的党中央提出要推进国家治理体系和治理能力现代化，发展全过程人民民主，大力推行社会主义协商民主，打造共建共治共享的社会治理制度，完善党委领导、政府负责、民主协商、社会协同、公众参与、法治保障、科技支撑的社会治理体制。这为新时代推进和完善乡村治理提供了根本遵循。

第一章
协商民主与乡村治理的内在关联分析

党的二十大报告指出:"协商民主是实践全过程人民民主的重要形式。"❶ 2019年6月,中共中央办公厅、国务院办公厅印发的《关于加强和改进乡村治理的指导意见》,对乡村治理过程中的村级协商民主提出了具体要求,即"丰富村民议事协商形式。健全村级议事协商制度,形成民事民议、民事民办、民事民管的多层次基层协商格局。创新协商议事形式和活动载体,依托村民会议、村民代表会议、村民议事会、村民理事会、村民监事会等,鼓励农村开展村民说事、民情恳谈、百姓议事、妇女议事等各类协商活动"❷。

推进基层协商民主建设,既是提升乡村治理水平的现实要求,也是新时代践行全过程人民民主的题中之义。在乡村治理过程中,协商民主发挥着整合社会关系、扩大公民有序政治参与、培育公平正义和推进科学决策的重要作用,对于实现乡村治理体系和治理能力现代化具有重要价值,成为突破乡村治理困境的必然选择。事实上,协商民主与乡村治理具有深刻的内在契合性,这也成为在乡村治理过程中充分发挥农村基

---

❶ 习近平:《高举中国特色社会主义伟大旗帜 为全面建设社会主义现代化国家而团结奋斗》,人民出版社,2022年,第38页。

❷ 《关于加强和改进乡村治理的指导意见》,人民出版社,2019年,第7页。

层协商民主作用的前提和基础。

一、协商民主与乡村治理具有深刻的内在契合性

协商民主理论所主张的在多元文化背景下，广泛主体平等参与、公开理性协商，从而有效保证公民民主权利的理念，与我国农村社会基层民主建设的精神内核具有一定的契合性。将协商民主的合理内核运用于我国社会主义新农村建设实践，有助于创新乡村治理方式、提升乡村善治水平。

（一）中国特色社会主义协商民主是符合中国政治文化特点的民主政治形式

协商民主是20世纪80年代在西方兴起的一种民主理论范式。1980年，美国学者约瑟夫·M.毕塞特在《协商民主：共和政府的多数原则》一文中提出了"协商民主"的概念，在学术界产生了重要影响。随后，在法国学者伯纳德·曼宁，英国学者安东尼·吉登斯，美国学者约翰·罗尔斯、乔舒亚·科恩以及德国学者尤尔根·哈贝马斯等人的推动下，越来越多的西方学者逐渐将学术研究的视野转移到关于协商民主的研究上来。20世纪90年代，协商民主在西方社会发展成为一种重要的民主理论。

1. 西方学者对协商民主的考察

在西方学者关于协商民主的考察中，他们或基于西方国家的政治现实，充分肯定了"协商民主"的民主价值，认为一致意见是合法性的真正来源，"当人们赋予多数意志一致意志的所有属性时，多数意志就成为合法的"[1]，因此，调和"既要限制大众多数，又要使多数原则有

---

[1] Manin, Bernard, et al. "On Legitimacy and Political Deliberation." Political Theory, Vol. 15, No. 3, 1987, pp. 338–368.

效"这一明显矛盾的关键,存在于建立"协商民主"的明确意图之中。❶ 或充分肯定了"协商民主"的治理价值,认为"协商"的"重点是通过国家、经济和公民社会机构内部和之间的多个公共领域中广泛的公民参与来提高民主判断的质量"❷,因此协商民主是一种政治平等的解释,它"用公开和互惠的要求来表达,使我们能够看到如何调节包容和节制"。❸

事实上,尽管西方学者们对协商民主考察的侧重点各有不同,但他们都确认了协商民主应具有以下内涵。

第一,协商民主是旨在实现政治过程中的公众参与和平等表达的民主政治形式。事实上,协商民主理论最初是为应对发达资本主义国家所面临的民主困境而诞生的。"在许多自由民主制度中,我们看到的是政治制度的大规模异化,或者最低程度也是对政治的冷漠。"❹ 由于在西方国家的民主选举过程中,选举结果往往由利益集团操纵,导致许多民众在民主选举过程中看不到自身的价值与民主的意义,认为所谓的民主成了虚假的民主,因而对民主选举采取了漠视的态度。事实上,尽管自由民主主要是政治层面的民主,但它仍然受到了经济上的不平等的影响和冲击,利益集团操纵政治的现象广泛存在,这使得边缘群体和弱势群体的利益诉求往往得不到实现,甚至有时广大群众的呼声也被金钱政治所掩盖。同时,由于西方自由民主体制建立在个人主义的价值体系的基础上,因此在政治过程中往往出现一些私人化的狭隘现象。"以利益为基础的民主模式还认定人们不能向别人提出有关正义或公益的要求,也

---

❶ 约瑟夫·M. 毕塞特:《协商民主:共和政府的多数原则》,陈家刚译,载陈家刚主编《协商民主与政治发展》,社会科学文献出版社,2011年,第38页。
❷ Warren Mark E. "Deliberative Democracy and Authority." The American Political Science Review, Vol. 90, No. 1, 1996, pp. 46–60.
❸ Ian O'Flynn. "Review Article: Divided Societies and Deliberative Democracy." British Journal of Political Science, Vol. 37, No. 4, 2007, pp. 731–751.
❹ 安东尼·吉登斯:《超越左与右》,李惠斌、杨雪冬译,社会科学文献出版社,2000年,第113页。

不能援引各种理由对这些要求进行辩护。"❶ 也即是说,人们都尽可能地维护自身或某个利益集团的利益,而缺乏对公共利益的综合考量,社会环境也缺乏对集体主义价值观的培育与追求。在此基础上,在按照多数原则的投票活动中,甚至在民主选举的过程中,所谓的民主仅仅只能体现多数人的利益倾向或偏好,而不能体现结果的科学论证,因此极有可能导致盲目决策,而无法保证符合公共利益或体现社会正义,最终指向虚伪的民主。而协商民主理论的提出便是以实现真正的民主为价值旨趣的。它希望对以往狭隘的民主形式进行矫正,通过公民切实地参与民主过程、平等表达看法、友好理性协商等方式,实现实质的而不是象征的民主。

第二,协商民主应当在平等、开放和理性的程序中进行。协商民主强调公民平等地、理性地通过对话、讨论和辩论等形式对公共事务展开讨论与协商,从而有效行使民主权利、形成科学与合理的决策。塞拉·本哈比认为,"根据民主的协商模式,在一个政体的集体决策过程中获得合法性的必要但不充分条件是,这个政体的制度是这样安排的,即被认为符合所有人的共同利益的东西,是在自由和平等的个人之间理性和公平地进行的集体协商过程产生的"❷。由于协商民主往往涉及集体决策,因此所有与此决策相关的公民都应当能平等地表达自己的诉求,平等地参与这一决策过程,而不受其职业、性别、社会地位、经济水平等因素的影响。因此,协商民主的"平等",不仅仅是指程序上的平等和利益诉求的表达权利的平等,也指每位参与者都有影响协商结果的公平权利。协商过程的主要表现形式是对话与讨论,即所有协商参与者都可

---

❶ Iris M. Young, "Communication and the Other: Beyond Deliberative Democracy," in S. Benhabib ed. Democracy and Difference: Contesting the Boundaries of the Political, Princeton University Press, 1996, pp. 120 – 135. 转引自陈家刚主编《协商民主与政治发展》,社会科学文献出版社,2011 年,第 12 页。

❷ Benhabib Seyla. "The Embattled Public Sphere: Hannah Arendt, Juergen Habermas and Beyond." Theoria: A Journal of Social and Political Theory, No. 90, 1997, pp. 1 – 24.

以围绕议题发表自己的意见，用充实的理由说服他人。在此过程中，所有参与者也应当深思熟虑、愿意倾听并尊重其他参与者的意见，即讨论的过程应当是理性的。理性讨论要求参与者在综合考虑个人利益与集体利益的基础上，在沟通协商的过程中达成一致的意见。

第三，协商的目的在于达成理性共识、实现科学决策。在协商民主的过程中，"非正式的意见形式贯彻在制度化的选举抉择和行政决策当中，通过它们，交往权力就转换成了行政权力"❶。协商民主并非漫无边界的集体讨论，它最终总是指向形成一个确定的决策。它实际上是试图寻找一些更为实质的方式，通过让权力经由公民积极参与而非在统治高压下政治冷漠所达成的一致性，以使权力行使合法化。❷ 公民的诉求需要广泛、有效的表达渠道，协商民主就是这一渠道。而正是在参与协商民主整合不同利益诉求的过程中，一些原本孤立的观点经由协商参与者的解释与说服，以充足的理由获得大多数人认同，从而纳入最终决策的范畴。而大多数人的支持、制度性程序的运用等，都使个体的观点由此获得了合法性。事实上，在政治生活中，任何一项公共决策在形成之前都应当充分了解受众的真实想法和需求，只有如此才能形成更加科学的决策；也只有如此，决策才能获得相关受众的认同和支持，从而在实践中能更加有效地加以实施。

总体而言，协商民主理论是在对西方政治体制反思的基础上产生和发展的，是对西方政治体制的补充与完善。尽管如此，协商民主理论也为中国特色社会主义协商民主的发展提供了可供借鉴的思路。立足当前中国具体国情，将协商民主理论有效地本土化运用于中国的政治实践，成为中国特色社会主义民主政治建设的重要课题之一。

---

❶ 尤尔根·哈贝马斯：《包容他者》，曹卫东译，上海人民出版社，2002年，第289页。
❷ 伊桑·J. 莱布：《美国人民协商制度的设计理念》，张明译，载陈剩勇、何包钢主编《协商民主的发展》，中国社会科学出版社，2006年，第165页。

2. 中国特色社会主义协商民主

21世纪初，一些国内学者开始将协商民主理论引入中国。一方面，他们在译介西方相关学术著作的基础上分析和探讨协商民主的理论内涵，并结合中国实际作出具有中国特色的理论阐释；另一方面，他们密切关注中国政治实践，力求为中国式的协商民主理论提供现实支撑，并积极探索将协商民主运用于中国特色社会主义民主政治建设的可行之措。

在中国学者关于协商民主的探讨中，他们首先确证了协商民主之于中国政治发展的重要价值。如林尚立在《协商政治：对中国民主政治发展的一种思考》一文中认为，随着社会主义市场经济体制的确立，支撑竞争性民主或协商性民主的社会基础与体制资源日益增长。然而在中国政治发展强调民主的效率、不主张政治多元化的大趋势下，竞争性民主不可能成为首选价值偏好，而会很自然地趋向协商性民主。❶ 陈家刚认为，协商民主对于加强执政党执政能力建设、推动政府管理体制改革、促进民主发展、构建和谐社会以及促进合法决策和民主监督具有积极的意义。❷ 又如陈剩勇认为，虽然在我国的民主政治建设过程中出现的问题与西方民主政治面临的问题存在阶段性的差异，但基于中国是一个国家或政府主导型的社会，同时也是一个缺乏民主传统的国度，在中国引入和倡导协商民主，将可避免动员型被动式政治参与的弊端。❸

同时，中国学者对协商民主的参与和表达功能给予了充分的关注。正如燕继荣所说，协商民主"突破了以往把民主限定在选举环节的理念，将民主扩展到决策过程中"❹。也就是说，协商民主实际上是民主

---

❶ 林尚立：《协商政治：对中国民主政治发展的一种思考》，《学术月刊》2003年第4期，第19－25页。
❷ 陈家刚主编：《协商民主与政治发展》，社会科学文献出版社，2011年，第26页。
❸ 陈剩勇：《协商民主理论与中国》，《浙江社会科学》2005年第1期，第26－30页。
❹ 燕继荣：《协商民主的价值和意义》，《科学社会主义》2006年第6期，第28－31页。

决策的重要方式。对此，何包钢、陈承新就曾说道："中国对协商理解的关键在于'人民、他们的心声、他们的意愿'"。❶ 事实上，与西式民主不同的是，在中国的民主政治体制和民主实践中，协商民主作为选举民主的补充的功能被弱化，而更多的是被突出强调其扩大民主参与、协调多元利益从而形成科学决策的功能。在中国社会主义民主政治的语境中，协商民主实际上是满足公民表达利益诉求的需要的一种民主政治形式。在中国，协商民主与选举民主共同构成了社会主义民主的两种重要形式。这既是与中国特色社会主义民主政治的价值目标、程序设计等相适应的，也是与中国特色社会主义的国家、政府、政党、社会与公民之间的关系相适应的。

事实上，社会主义协商民主是不同于西方协商民主的新型民主，它们在诞生背景、概念内涵、实践程度和历史积淀等方面存在较大差异。西方协商民主以应对当代"道德分歧"的挑战为出发点，以哈贝马斯的"公共理性"为理论前提，旨在通过公共参与的协商过程，找到能够作为决策依据的理性"共识"，并把其视为决策正当性之所在。❷ 而中国特色社会主义协商民主则深深根植于中华优秀传统文化，并在中国共产党领导下的革命、建设和改革的实践中不断得到发展。它是在中国特色社会主义的政治框架内，在中国共产党的领导下，由具有不同职业状况、经济收入和知识背景等的人民群众，通过制度化、程序化、公开化的发言、讨论、对话与辩论，有效行使知情权、参与权、表达权、监督权等各项民主权利，从而实现广泛政治参与和有效影响公共决策的民主形式。

西方协商民主与社会主义协商民主产生的社会根源不同。西方协商

---

❶ 何包钢、陈承新：《中国协商民主制度》，《浙江大学学报（人文社会科学版）》2005年第3期，第13-21页。
❷ 北京大学法学百科全书编委会：《北京大学法学百科全书（法理学、立法学、法律社会学）》，北京大学出版社，2010年，第837页。

民主是在反思西方资本主义社会所面临的自由民主困境的基础上,省察何谓真实的民主的过程中诞生的,它的任务是弥补选举民主的瑕疵,充分调动公民参与政治的积极性。而中国特色社会主义协商民主是社会主义民主的两种重要形式之一。它是在我国革命、建设和改革的过程中,不断结合中国实际探索出来的合理、有效的民主政治形式。它最初诞生的目的在于通过鼓励公民政治参与,畅通人民当家作主的渠道,在科学决策形成与实施的过程中切实维护和实现人民群众的根本利益,从而推进中国特色社会主义民主政治的发展。因此,西方协商民主与中国协商民主的产生源于不同的出发点,也有着不同的价值追求。

西方协商民主与社会主义协商民主在本质上存在较大差异。尽管西方协商民主是基于公民权利的基础上提出的,但其本质上仍然只是在现有的剥削的资本主义制度下对权力结构运行机制所做的矫正与修补。因此,西方协商民主实际上仍然是植根于资本主义社会的自由民主政体的。而中国特色社会主义协商民主是以维护最广大人民的根本利益为准则的,其根本目标是发展全过程人民民主、保障人民当家作主,推进人民群众政治参与的有序性、广泛性和科学性。它深深扎根于中国特色社会主义的土壤,以坚持中国共产党的领导为根本准则,是一种依靠政府推动的协商民主。因此,中国特色社会主义协商民主是真正意义上的民主,是"中国社会主义民主政治中独特的、独有的、独到的民主形式"[1]。

西方协商民主与社会主义协商民主的实践程度不同。尽管协商民主理论在西方学术界已有一定的探索,但目前西方协商民主仍处于一种理想状态下的理论研究阶段。虽然有一些零散的协商民主的实践,但大都仅仅是社会团体和研究机构的自发行为,仍未上升至国家民主政治建设

---

[1] 习近平:《在庆祝中国人民政治协商会议成立65周年大会上的讲话》,人民出版社,2014年,第15页。

层面展开运用，并未真正纳入西方国家的民主程序设计。而中国式协商民主的研究虽然开始较晚，但协商民主的实践雏形在中国革命、建设和改革时期早已有之。同时，中国式协商民主已经正式纳入社会主义民主的两种重要形式之一，这一民主政治形式已经上升到国家制度的层面，在实施过程中处处体现着政府力量的参与。正如党的十九大报告指出的："协商民主是实现党的领导的重要方式，是我国社会主义民主政治的特有形式和独特优势。"❶ 这一精辟论断，深刻揭示了中国特色社会主义协商民主在中国社会有根、有源、有实现的土壤，这是西方协商民主所不具备的。

综上所述，中国特色社会主义协商民主具有以下内涵特征。

第一，中国共产党是中国特色社会主义协商民主的坚强领导核心。中国共产党的领导是中国特色社会主义最本质的特征。在推进协商民主的过程中，中国共产党的领导应当在议题选择、组织协商、形成决策、落地实施以及全过程监督等环节中都得到体现。也就是说，中国特色社会主义协商民主应当是有政治立场的协商民主。中国共产党在协商过程中扮演着引领者、指导者和保障者的重要角色。同时，中国特色社会主义协商民主也是实现党的领导的重要方式，是中国共产党执政和决策的重要方式。中国共产党是执政为民的政党，这就意味着在执政和决策的过程中，"一切为了人民""一切依靠人民"成为中国共产党的行为准则。协商民主正是实现充分调动人民参与积极性、满足人民群众政治参与需求的民主形式，有助于更好地反映人民群众的心声，使人民群众的意见成为中国共产党执政和决策的重要参考。同时，中国共产党也能够通过协商民主这一卓有成效的民主形式，有效凝聚与组织人民群众，不断加强党的全面领导。

---

❶《决胜全面建成小康社会夺取新时代中国特色社会主义伟大胜利——在中国共产党第十九次全国代表大会上的报告》，人民出版社，2017年。

第二，中国特色社会主义协商民主与选举民主不断实现有机融合。在我国，"人民通过选举、投票行使权利和人民内部各方面在重大决策之前进行充分协商，尽可能就共同问题取得一致意见，是我国社会主义民主的两种重要形式"❶。在我国推进国家治理体系和治理能力现代化的过程中，协商民主与选举民主均发挥着重要作用。其中，协商民主并非作为选举民主的补充形式出现的，而是有自己长期的运行机制、实践经验和发展过程。与此同时，在中国民主政治框架中，这二者并非泾渭分明的平行线，而是不断在民主实践中实现相互促进、相互完善和相互融合，通过有效发挥两种民主形式的优势，不断推进中国特色社会主义民主政治建设。

第三，中国特色社会主义协商民主的协商主体是广大人民群众。也即一切拥护社会主义的劳动者和拥护祖国统一的爱国者，包括广大人民群众、各人民团体、各民主党派、无党派民主人士、各界爱国人士等。因此，协商民主的主体不仅包括个人，也包括社会团体和社会组织等。具体而言，在选定协商内容与主题后，一切与协商事务密切相关的公民与团体，或其他自愿参与的公民，以及特别邀请的相关领域专家等，都可以参与到相关协商民主活动中。在协商民主的过程中，各参与主体地位平等，拥有公平的表达权利，均可以围绕相关事项理性地发表意见，进行讨论、交流和对话等。

第四，中国特色社会主义协商民主坚持法治、平等、公开、理性的协商原则。首先，在开展协商的过程中，应当遵守社会主义宪法和法律，各参与主体在法律允许的范围内设计与开展协商。同时，应坚持平等原则，做到主体平等、表达平等、观念平等、机会平等等。协商主体不仅拥有平等的、不受任何歧视地表达诉求的权利，也具有平等地影响

---

❶ 《中共中央关于加强人民政协工作的意见（摘要）》，《人民日报》2006 年 3 月 2 日第 1 版。

协商结果的权利；既实现过程平等，也实现结果平等。在协商过程中也应坚持公开、开放的原则，一方面，广泛邀请社会各类主体参与，另一方面，协商民主应做到程序公开透明，允许各界群众参与和监督。此外，协商过程应体现理性原则，参与者们在协商中理性发表意见与建议，并最终形成科学、理性决策，从而更好地维护公共利益。

第五，中国特色社会主义协商民主以切实保障人民当家作主为目标。一方面，社会主义协商民主期待通过多类别、多层次的协商民主形式扩大人民群众的政治参与，鼓励人民群众有效行使知情权、参与权、表达权、监督权，实现民主选举、民主管理、民主决策和民主监督。同时，协商民主希望在协商基础上达成理性共识、形成科学决策，从而更加有效地维护人民群众的根本利益。事实上，只有真正从群众中来，倾听群众心声，才能做出科学决策；也只有科学的公共决策，才能更好地实现公共利益，从而确保人民群众根本利益得到有效实现。

第六，中国特色社会主义协商民主形式十分丰富，包括中国共产党与各民主党派之间的党际协商、中国共产党内部的党内协商、中国人民政治协商会议协商、全国人民代表大会协商、政府协商、各人民团体协商、社会组织协商以及包括农村、机关、企事业单位、学校在内的基层协商等。而无论哪一种形式，都是为了维护最广大人民的根本利益、扩大人民有序政治参与以及实现科学决策。相比于西方协商民主，这些形式多样的协商正是中国特色之所在。同时，系统的、有机的协商体系更好地满足了广大人民群众的政治参与需要，成为中国特色社会主义协商民主不断得到发展的原因之所在。

第七，中国特色社会主义协商民主具有广阔的协商范围。从协商内容上来看，既包括政治、经济、文化、社会生活和生态环境等方面的重要问题，也包括其他与人民群众的切身利益密切相关的日常生活中的一切大大小小的事务。从协商的时间节点看，既包括决策前的协商、实施过程中的协商，也包括公共事务执行完成后的监督和审议等。也即是说，协商民主并不止于达成科学决策的功能。在公共决策实施的全过程中，协商民主活动同样发挥着表达利益诉求、监督决策实施的重要作用。

总而言之，尽管中国特色社会主义协商民主与西方协商民主在本质上存在较大差异，但并不能因此否认中国特色社会主义协商民主的治理价值。中国特色社会主义协商民主正是符合中国政治文化特点的民主政治形式。其中，农村基层协商民主更是为乡村治理提供了一个切实可行的新方案。这也为世界范围内协商民主的发展提供了一种新的参考和选择。

（二）乡村治理具有主体多元、资源共享和协调互动的特征

1. "治理"概念的内涵

长期以来，人们一直使用"社会管理"这一表述。1989年，世界银行在其报告中首次使用了"治理"一词。随后，"治理"一词在国际学界受到更加广泛的关注。在西方社会关于"治理"概念所做的各种阐释中，都突出强调了"治理"概念的多元主体管理共同事务的功能。如治理理论的创始人詹姆斯·N. 罗西瑙认为，治理体现着共同目标的支持，它既包括政府机制，也包括非正式的、非政府的机制，各色人等和各类组织可以借助这些机制满足各自的需要。[1] 由此可见，"治理"已经超越了传统意义上的自上而下的"管理"概念的含义。

在中国，2013年党的十八届三中全会首次明确提出"社会治理"的新论断，[2] 标志着中国由"社会管理"向"社会治理"的正式转型；党的十九大再次强调，要"打造共建共治共享的社会治理格局"[3]，明

---

[1] 詹姆斯·N. 罗西瑙：《没有政府的治理 世界政治中的秩序与变革》，张胜军、刘小林等译．江西人民出版社，2001年，第5页．
[2] 《中共中央关于全面深化改革若干重大问题的决定》，人民出版社，2013年。
[3] 《决胜全面建成小康社会夺取新时代中国特色社会主义伟大胜利——在中国共产党第十九次全国代表大会上的报告》，《人民日报》2017年10月28日第1版。

确了社会治理的价值取向；党的二十大报告中，更是50次提到了"治理"一词。从"管理"到"治理"的转变集中体现了党的执政理念的升华。"管理"存在着管理者与被管理者的区分。相比较而言，"治理"概念更加强调主体多元、资源共享、协调互动，并含有更加注重发挥社会民主活力的内涵。

总体而言，现代治理具有以下几个显性特征：

第一，治理主体的多元性。相较于"管理"概念，治理的主体不再单一局限于党和政府，而是更加多元化，既包括党和政府，也包括广大人民群众、各社会组织、企业和媒体等，这就意味着如何处理不同类别的治理主体之间的关系也成为治理的重要课题。同时，"治理"既可以在政府机制内发生，也可以在非政府机制内发生。在治理过程中，这些多元化的治理主体共同参与公共事务的管理活动，力求在一定区域范围内维护社会秩序，满足公众需求。这一变化意味着，政府不再只是治理的主体，也是被治理的对象；社会不再只是被治理的对象，也是治理的主体。[1]

第二，治理内容的丰富性。治理的内容并不仅仅局限于政府事务，治理的内容既包括政治领域、经济领域、文化领域、社会生活和生态环境等方面的重要问题，也包括与广大人民群众根本利益密切相关的日常生活中的一切事务。社会生活的每一环节，都可以成为治理体系中的细胞；社会生活中出现的每一个小问题，都可以成为治理的内容；人民群众的每一个合理诉求，都可以成为治理的议题。"治理"是期待在多元主体参与的基础上，使社会各部门更加有序、高效运转，使社会各界的政治参与更加广泛、更加真实，在此基础上引导和规范公众的社会活动，进而推动实现公共利益。

第三，治理手段的多样性。"治理"不仅仅只是一个自上而下的行

---

[1] 江必新：《管理与治理的区别》，《文摘报》2013年11月21日第6版。

政指令的下达过程，它更加关注包括政府、市场、社会、媒体和公民等多元主体的参与，是一种民主的、参与式、互动式管理。因此，同样强调多元主体参与的协商民主形式在治理过程中获得了广泛生存空间，协商民主成为广大人民群众得以在治理过程中实现切实有效的政治参与的重要渠道。事实上，也正是由于"治理"所蕴含的理念是开放的、包容的，治理行为的合法性获得了广泛认可，这也较大地提升了社会治理的成效。

2. 乡村治理的内涵

乡村治，百姓安，国家稳。广大农村地区是国家治理的重要场域，其治理的成效直接关系着我国乡村振兴战略的成败，影响着国家与社会的和谐与稳定。当前，随着我国城镇化和工业化进程的不断加快，乡村社会结构发生了巨大变迁，新的问题、难题不断涌现，农村社会秩序面临着前所未有的挑战。而"乡村治理"这一概念正是为了应对这一挑战而提出的。如何扎实有效推进乡村治理，在新时代实现乡村善治，成为国家发展的重要议题之一。

第一，乡村治理主体多元。农村社会是一个庞大的生活共同体，尤其是随着社会主义市场经济的发展，乡村社会结构不断分化，多元利益主体不断涌现，随之而来的新的治理问题也不断增多。面对纷繁复杂的庞大治理工程，仅仅依靠政府的治理模式已经不能完成适应乡村社会发展的需要，聚合多方力量参与公共事务成为解决乡村社会问题的重要突破口。"乡村治理"的提出，正是为了应对乡村社会多元利益主体带来的新挑战、新问题。在"乡村治理"语境下，包括乡镇的党委和政府及其附属机构、村委会等村级组织、各种民间团体、村庄精英和普通村民等都是乡村治理的主体。乡村治理与以往仅仅依靠政府由上而下的管理活动相区别，它是由多元主体共同参与的，因此能够较好地协调各方利益、实现乡村社会的和谐与稳定。

第二，乡村治理权力配置多极化。在以往人们的传统观念中，往往认为管理公共事务的权力仅仅掌握在政府手里，习惯于政府采用自上而下的管理模式对乡村社会进行管理。"治理"概念的提出，打破了人们对农村社会管理模式的固有看法。事实上，在我国农村社会，民间组织以及乡村精英、宗族长老、村民个体等都可能对乡村社会秩序产生重要影响。"治理"概念认可了这些治理主体的存在，认为只要出于合理、科学的立场，无论是农村民间组织抑或是村民个人都可以参与乡村治理，乡村治理权力配置日渐多极化。政府与社会之间的互动也由此成为"治理"的重要特征。

第三，乡村治理的目标在于实现乡村善治。乡村治理是国家治理的基石，乡村社会的繁荣稳定事关国家发展大局。而乡村治理作为适应乡村社会发展新形势的运行方式，有助于推动实现乡村社会的有序发展。事实上，建立在多元主体共同参与基础上的乡村治理，相比于以往的管理模式，更利于调动人民群众的政治参与，实现问需问计问策问效于民，因而也能较好地协调利益矛盾、维护乡村社会的良好秩序、回应人们对美好生活的期盼，推动实现乡村共建共治共享。在此意义上，乡村治理是一项长期且繁重的任务，需要不断地加强和改进乡村治理，持续创新乡村治理方式，充分激发乡村社会的活力，不断推进实现乡村善治的目标。

第四，乡村治理目前面临着巨大的挑战。尽管乡村治理机制相较于以往自上而下的管理模式取得了较大的进步，但在具体实践中仍然面临着许多问题与挑战，如目前我国农村村民的民主意识不强、民主素质不高，对政治参与缺乏积极性与主动性；基层自治组织自治能力不强、履行职责不力、运行机制不健全；村"两委"冲突加剧，未能实现权责的合理分配；乡镇政府的行政权与村民的自治权冲突，村民自治实际上受到极大限制等，这些都在一定程度上影响甚至异化了乡村治理。事实上，许多学者认为乡村治理面临挑战的重要原因在于村民自治机制在具体实践中出现了偏差,"村民自治的民主化进程很难得到有效推进"❶。这也对在乡村治理过程中引入协商民主机制提出了要求。

总体而言,乡村治理是乡村社会发展和秩序维持的实现途径与执行过程。它强调农村地区多元主体在乡村事务中协调互动、资源共享,要求充分体现乡村各主体的公共利益诉求,具有充分调动社会民主活力和建构健康有序的乡村社会秩序的内涵。

(三) 农村基层协商民主与乡村治理具有深刻的内在契合性

在乡村治理过程中发挥基层协商民主的作用,就是要在基层党组织的领导下,乡镇政府、农村村民自治组织、民间组织、农村集体企业、农民等广大农村治理主体通过讨论、对话的方式,平等、理性地表达意见,消除分歧、达成共识,形成科学、合理的农村公共决策,从而有效协调和实现乡村治理过程中的公共利益。在此意义上,发展社会主义民主政治,尤其是加强基层协商民主建设,是推进国家治理体系和治理能力现代化的必然要求。扎实推进农村基层协商民主,有助于实现农村主体的有序政治参与,达成科学管理与决策,对于提升乡村治理水平有着重要价值。事实上,推进农村基层协商民主与提升乡村治理水平在参与主体、主导力量、实现方式、工作内容、价值目标和工作环境等方面具有一定契合性。这是二者在实践中实现有效融合的重要前提和操作依据。

在参与主体方面,协商民主意味着社会多元利益主体依托协商平台共同参与政治生活,反映不同群体的利益需求。在协商全过程中,多元利益主体地位平等,均享有我国宪法规定的各项民主权利。共建共治共享的社会治理格局从根本上体现了以人民为中心的发展思想,体现了对

---

❶ 钟涨宝、高师:《后税改时代的乡村治理改革》,《农村经济》2007 年第 11 期,第 12-15 页。

全体人民的政治参与权利的肯定。因此,二者的参与主体都是社会主义制度下的人民群众,协商民主与乡村治理归根结底是围绕人民群众出发而开展的事业。因此,在推进农村基层协商民主和提升乡村治理水平的过程中,要注重教育、动员和组织农民群众,不断培育和提升农民群众的政治素质,真正让农民群众成为乡村社会发展的主体和受益者。

在主导力量方面,无论是农村基层协商民主还是乡村治理,尽管有各民主党派、企业、社会组织等群体的参与,其主导者都是党的基层组织与基层政府,其中党组织发挥着领导核心作用。乡村治理有两个基本前提,即坚持中国共产党的领导和村民自治的政治制度。而在开展农村基层协商民主的过程中,党的基层组织与基层政府通过设计协商机制、协调各方关系、组织协商对话、整合各方意见等,最终作出有助于乡村治理的公共决策。可见,党的基层组织是引领乡村治理的根本力量,在推动协商民主与乡村治理有效衔接的过程中发挥着"主心骨"作用。

在实现途径方面,协商民主主张公民和各类组织与团体,平等、自主和理性地参与公共决策过程,围绕议题进行沟通、建议、商讨、评议及说服等。而共建共治共享的社会治理格局明确了"党委领导、政府负责、民主协商、社会协同、公众参与、法治保障、科技支撑"[1]的有序参与社会公共事务的方式,其中"公众参与"着重强调了人民群众在治理过程中的主动性的发挥。乡村治理作为国家治理体系的重要组成部分,多元主体参与是其重要特征。充分调动广大人民群众参与治理过程,是当前推进治理体系和治理能力现代化的题中之义。因此,从秩序理性、互动畅通的角度看,二者在实现途径方面也有着十足的契合性。

在工作内容方面,凡属于乡村治理范畴的事务都可以成为农村基层

---

[1] 《决胜全面建成小康社会夺取新时代中国特色社会主义伟大胜利——在中国共产党第十九次全国代表大会上的报告》,《人民日报》2017年10月28日第1版。

协商民主的议题。乡村治理围绕乡村事务展开，因此治理的内容与农民群众的生产与生活息息相关，农村社会的方方面面都纳入了治理范畴。而农村基层协商民主也主要围绕农村社会的重要问题以及关系广大农民群众切身利益的一切问题展开。在乡村治理过程中，只要有需要进行协商、讨论的问题，如教育、医疗、土地承包甚至垃圾集中清理等，都可以成为协商民主的议题。因此，二者的工作内容基本交叉重叠。

在目标价值方面，农村基层协商民主的目的在于建构人民群众的多元利益诉求进入决策程序的方法，在以实现公共利益为最高价值诉求的同时，提升农村群众的政治参与度；共建共治共享的社会治理格局则是强调要实现人民群众共同参与社会建设与社会治理，共同享有治理的成果，同时在治理过程中保障最广大农民群众利益的实现。事实上，在社会主义中国，无论是哪种民主规则和程序，都是为实现广大人民群众的切身利益这一主旨服务的。只有将协商民主与乡村治理有机结合起来，在涉及村民利益的问题上，鼓励村民通过协商形式，围绕某个问题通过和平、友好的方式进行沟通和交流，克服凭感觉、凭个人好恶思考问题等不理性因素，克服以往基层治理中存在的不公正、不民主现象，才能有效化解村民之间、村民与政府之间、村民与群众性自治组织间的各种利益冲突与矛盾，更好地实现农村社会的公共利益。

在工作环境方面，我国乡村的独特环境为乡村治理和农村基层协商民主的推进提供了得天独厚的条件。正如费孝通先生所说的那样，"这是一个'熟悉'的社会，没有陌生人的社会"。❶ 在乡村社会中，地缘或血缘相近的农民往往彼此之间都是"熟人"，他们相互之间有着一定的信任和默契。这种信任和对彼此之间的了解成为能够坐下来商量问题的前提。同时，农民群众往往普遍保持着善良、邻里互助、诚信

---

❶ 费孝通：《乡土中国》，北京大学出版社，2012年，第13页。

等优良品质,这为乡村治理和农村基层协商民主的有序开展提供了重要前提和基础。

从这些角度来看,无论是农村基层协商民主还是"共建共治共享"的乡村治理,其出发点和价值旨归都是为了畅通人民当家作主的民主渠道,并最终实现最广大人民的根本利益。这些一致性也为农村基层协商民主与乡村治理在实践中的协调与互动提供了前提和基础。

二、协商民主是实现乡村有效治理的现实要求

改革开放以来,随着社会主义市场经济的发展以及城镇化、工业化进程的不断推进,农民的生活水平不断提高,农村经济社会结构也发生了巨大变化。农民群众利益诉求的日渐多元化,使得农村社会矛盾、纠纷不断涌现。市场影响下的农村社会开始出现多种利益分配方式,资本、技术等进入农村地区使得乡村公共事务增多、内容愈加复杂。基层群众自治组织功能弱化,农民政治参与的渴望不断提升等新问题、新挑战都使原有的村民自治机制难以有效应对。进一步完善基层民主、重新唤醒村民自治制度,是推进基层政府治理创新、实现乡村有效治理的现实要求。在此背景下,基层协商民主应运而生。

(一)乡村治理困境呼唤协商民主的运用

自改革开放尤其是步入21世纪以来,我国广大农村地区诞生了许多形式多样、行之有效的协商民主实践形式,成为乡村治理的重要环节。事实上,协商民主在我国乡村社会的产生与发展,正是源于乡村治理的现实需要。

1. 开展协商民主是基层民主向纵深发展的内在需要

在我国农村,农民群众在村民自治的过程中,享有民主选举、民主决策、民主管理和民主监督的权利。然而,在大多数地区的村民自治实

践中,"四大民主"的运行存在一定的偏差:几年一次的"民主选举"有条不紊地进行,而选举之后的民主决策、民主管理、民主监督环节却较少得到重视,农民的民主权利实际上未能得到全面落实。

而"民主选举"这一农村社会最普遍的民主实现形式,却并不能满足农村群众对政治参与的全部渴望。首先,真实的"民主"必然意味着民主在全过程、全方位地实现。因此,在实践中往往会设置一定时间间隔的民主选举不能代表"民主"的全貌,它无法有效确保选举间隔期间人民民主权利的实现。其次,选举只是大多数人"偏好"的聚集。尤其是在大规模的选举活动中,由于选民人数众多、分布较广,选民之间往往缺乏有效的沟通,因此在缺乏交流的基础上所实现的"偏好"的聚合往往也未能经科学论证,难以实现合理与科学的决策。加之,由于选举主要是选举"人",而非选择"公共事务的运行机制",因此,选民的选举与实际的公共事务的处理是相脱离的。[1]

而作为社会主义民主的两种重要形式之一的协商民主,则强调多元主体平等参与协商,在协商过程中协商主体彼此交换意见、理性探讨,在对各种观点进行比较、分析的基础上,选择或产生出"最具说服力"的主张,使之成为协商活动的成果。因此,与选举民主的以个人"偏好"为基础、选举结果等同于"偏好"的聚合的多数决定机制等不同,它以"理性"为基础,以反复讨论和论证为基本要求,因此能够在一定程度上确保决策的科学性与合理性。

事实上,协商民主是在民主政治过程中实现更高程度的公众参与的必然要求。随着中国特色社会主义市场经济的发展,社会经济结构发生巨大变化,人民群众的利益诉求日渐呈现出多元化趋势。与此同时,公民的法治观念和权利意识也不断增强。这些新的变化使得公民对民主政治参与有了更高程度的追求。广大人民群众开始更加关注公共决策的制

---

[1] 徐湘明:《协商民主视角下的人民政协制度研究》,上海三联书店,2019年。

定与执行，并积极寻求参与到民主的各个环节，以确保公共决策的科学性和切实有效地保障自身的民主权利。

2. 开展基层协商民主是克服乡村治理现实困境的时代呼唤

首先，村民自治制度遭遇了一些现实难题。自村民自治制度实施以来，中国农村社会实现了更加飞速的发展，农民的民主意识、文化素养和经济水平等都有了较大的提升。总体而言，村民自治制度在维护农村社会秩序的稳定、促进农村社会经济发展、提升广大农民群众素质、缓和社会矛盾等方面发挥了重要的作用。尽管如此，由于受一些不良习俗、村"两委"工作方法不当、农民政治素质较低等各方面因素的影响，村民自治在发展过程中也遭遇了一些现实困境，主要表现为：在民主选举方面，由于一些农民的民主素养和意识有待提升，在选举过程中往往出现随大流的现象，未能真正有效地从公共利益及自身利益的角度出发行使民主权利，民主选举成为走过场。在民主决策与民主管理方面，由于缺乏相应的政治参与程序，或因村干部管理观念陈旧，在村务管理过程中独断专行，致使农民群众实际上被排除在农村公共事务的管理与决策之外。在民主监督方面，由于农民群众和村干部缺乏民主权益意识等原因，村务管理往往呈现出不公开、不及时公开或者半公开的状态，民主监督的缺位，往往导致村干部与村民之间矛盾重重、关系紧张，成为影响农村社会秩序稳定的重要因素。在此背景下，必须创新基层民主政治建设的形式，克服或弥补在以往的村民自治过程中可能存在的种种问题，使广大人民群众的当家作主权利得到充分保障，使村民自治制度真正完善和健全起来，真正实现乡村善治。

其次，多元利益主体的不断涌现呼吁新的政治参与形式。随着社会主义市场经济的深入发展，农村社会出现了各种新型经济成分，各类利益群体和社会组织不断产生，农村社会开始出现阶层分化。这些多元化的利益主体在经济状况、政治诉求、价值观念、生活方式等方面都存在差异和区别，因此有着不同的利益诉求。多元利益主体的兴起不仅是我国农村经济社会取得快速发展的重要体现，也成了农村社会矛盾与冲突的重要导火索，给乡村治理带来了新的挑战。传统的民主选举方式由于是大多数人"偏好"的聚合，因此选举结果往往体现为大多数人的意愿，实际上无法有效协调和整合多元主体的利益诉求。新的民主政治形式的运用成为重要的时代命题。

同时，乡村社会不断涌现出各类新问题，使得新型民主政治形式的运用成为必然要求。随着农村社会的飞速发展，一些新的问题和矛盾也在不断涌现。这就要求要不断调整农村社会管理模式和管理方法，以适应不断变化的农村形势。如当前农村空心化的出现，留守儿童与留守老人数量不断增多，农村治理精英缺位，农村土地被大量征用，耕地面积大量减少，生态环境破坏等问题，无一不需要采取行之有效的措施。然而，村民自治面临的现实困境使我们看到，面对这些新问题，必须调动农民群众参与乡村治理的积极性，广集民智、平等协商，才能真正解决这些利益复杂交织的难题。因此，必须拓宽农民参与乡村治理的渠道，使公共参与制度真正确立并有效运行，让广大农民群众真正参与到管理与决策中来。

乡村治理所面临的种种困境，其根本原因在于"四个民主"未能真正得到全面落实，农民缺乏有效的政治参与。因此，在乡村治理的过程中引入有助于实现农民广泛参与的协商民主形式成为摆脱乡村治理困境的重要突破口。事实上，农村社会环境为协商民主的落地提供了广阔的空间，平衡好农村社会多元主体之间的利益诉求、科学有效地开展乡村治理、真正解决民众难题，都离不开协商民主在农村社会的进一步落实。

（二）农村基层协商民主的实施具有可行性

在中国农村社会推进实施基层协商民主，必须充分考虑协商民主能否适应中国农村的土壤，即协商民主与中国农村社会的契合性如何。由于中国农村社会是较为复杂的生活共同体,不仅存在着数量庞大的村民群众,也存在着基层村民自治组织、农村民间组织、经济组织,甚至还广泛存在着乡村精英和宗族势力等。因此,在中国农村社会实施协商民主,应当考虑乡镇政府、村"两委"是否具备相应的组织能力;应当综合考虑包括人口数量、经济水平、民主氛围、地理环境、自然资源、风俗习惯和文化底蕴等在内的各种因素;甚至应当考虑到乡村精英与宗族势力对政治环境的影响。总体而言,我国农村社会环境决定了协商民主具有较强的可行性。

第一,中国农村社会具有深厚的民主传统。首先,中国农民是淳朴、善良和正直的。由于在农村共同体中长期共同生活,加之中国农村内部宗族关系、家族关系、姻亲关系、邻里关系相互交织,农村社会成了彼此之间相互熟悉、相互了解的"知根知底"的熟人社会。熟人社会更关注的是感情交流和交往,考虑到"低头不见抬头见""做人留一线日后好相见"等原因,农村社会通常更加强调和注重人与人之间的沟通和让步。因此,中国农民凡事喜欢讲究"以和为贵"。由于处于熟人社会中,"邻里互助"也成为中国农村社会的突出特征。这也为协商民主在中国农村社会的有效运用提供了丰厚的土壤。与此同时,20世纪80年代以来在中国农村地区实行的村民自治制度,增强了农民的主人翁意识、提高了农民的民主素养,培育了中国农村厚重的民主文化底蕴。因此,中国农村社会具有实施协商民主的实践根基。

第二,中国农民的政治参与意识明显增强。农民的民主意识的提高是现代化的主要特征之一。改革开放以来,中国农村发生了翻天覆地的变化,农村经济实现了快速发展。农民物质生活水平的提升为农民群众的政治参与提供了重要的前提和基础条件。首先,随着农业科技的迅猛发展,农业生产率和产量实现了大幅提升,这使得农民开始从土地中解放出来,获得了更多的闲暇时间。其次,随着农村社会经济的快速发展,一些资金、技术开始流入农村,土地、劳动力等成为农村经济的重要来源,农民群众开始逐渐意识到,农村社会的公共决策可能对自身的生活产生重要影响。于是他们开始积极寻求参与乡村的政治、经济、文化和社会事务,希望能通过行使自身的民主权利,参与民主选举、民主决策、民主管理和民主监督。其中,协商民主作为满足农民政治参与需求的民主政治形式,将获得人民群众的广泛欢迎。

第三,基层政府和农村精英是推动农村基层协商民主发展的重要力量。农民为了保障自己的经济利益,为了提高自己的政治地位,为了使农村政策向着自己有利的方向运行,他们会尝试通过不同的途径向政府提出自己的要求,甚至会以不同的方式向政府施加压力。特别是先富起来的一部分农民,或者在乡村有一定社会地位的农村精英和乡贤,他们社会资源丰富、经济实力雄厚,有着较强的表达利益诉求的勇气。在这种情况下,基层政府必须要做出一些调整以回应民众对管理变革的要求。基层政府的有力推动是协商民主得以在农村实施的关键,没有政府的积极推动,即使民间要求再强烈,最终也不可能形成一种农民公共参与的制度。由此可见,基层政府和农村精英在推进协商型村民公共参与制度创新中发挥着十分重要的作用。基层政府可以借助政府权威和其占有的公共资源推动协商民主在乡村社会的开展,充分发挥地方精英的引领和辐射作用,扩大与提升人民群众对农村基层协商民主制度的认可与热情。

第四,摆脱乡村治理的困境离不开农民参与。乡村治理的内容是与农民生产和生活密切相关的各类公共事务。在日常生活中面临着什么样的难题,广大农村群众是直接当事人,因而也最具发言权。同时,乡村事务管理与决策必须立足广大农村群众的根本利益,充分反映广大农村群众的需求,才具有合理性与合法性。"在做出具有约束力的决策的过程中,公民们应该有充分且平等的机会来表达他们关于最终结果的各种偏好。"❶ 因此，在乡村治理的过程中，必须畅通农民意见表达的渠道，鼓励农民群众积极参与到民主政治生活中。协商民主正是为乡村治理摆脱这一困境而得到广泛运用和发展的。广大农村群众通过参与到协商过程中，就村内大小事务进行讨论、沟通，从而达成理解与信任，并最终形成符合村民利益的科学决策。发展协商民主、完善基层民主，是乡村治理走出困境的必由之路。

（三）协商民主与乡村治理相互促进

事实上，农村基层协商民主的推进与乡村治理的发展是相互促进、相互成就的。协商民主是乡村治理的必经之路，而乡村治理也为农村基层协商民主的蓬勃发展提供了宽广的舞台。

第一，协商民主是满足乡村多元利益主体需求的必然要求。基于人的独特性和生活经历的不可复制性特点，乡村社会自古以来便存在着多元利益主体。新中国成立初期，农民阶级、地主阶级、民族资产阶级等不同阶级群体在农村社会广泛存在。社会主义改造完成后，伴随着人民公社体制的普遍建立，我国农村社会的构成日益单一化。尽管如此，人们的性格特征、生活经历的区别仍然决定了他们对待公共事务的看法存在差异。改革开放后，伴随着社会主义市场经济的推行，农村社会经济利益的划分日趋复杂。商人、农民企业家、外出务工人员等新阶层崛起，在给农村社会带来活力的同时，也形成了农村社会的不同利益群体，给乡村治理带来了新的难题。乡镇政府、农村村民自治组织、民间组织、农村企业、农民等广大农村治理主体如何协调、理性、有序地开展治理成为现实难题。在此背景下，协商民主作为一种扩大民众公共参与的政治模式，为协调乡村多元主体的利益需求提供了现实出路。乡村

---

❶ 罗伯特·A. 达尔：《民主及其批评者》，曹海军、佟德志译，吉林人民出版社，2006年，第143页。

社会中的利益主体多元化的趋势越发凸显，则越需要在与其他乡村共同体成员之间，搭建起理性参与、讨论、互动的协商民主平台，找寻并形成多方共同利益的"最大公约数"和均衡点，并最终达成公共事务的共同认识。在此意义上，农村治理机制为农村基层党组织、基层政府、民间力量、市场力量等提供协商互动的平台，有助于形成农村发展的合力。

第二，协商民主是提升乡村治理科学性和有效性的重要手段。农村协商民主强调农村社会各利益主体平等、理性地围绕农村社会发展过程中的问题、措施及决策进行沟通、交流和互动。这一中国特色社会主义民主政治形式有着独特的优势。首先，它有助于农村社会多元利益主体共同参与治理，在协商民主的过程中平等、理性地充分表达意见，在利益博弈的过程中达成共识，最大程度地化解农村社会存在的矛盾。其次，农村协商民主通过多方参与贡献智慧与力量，并在协商讨论的过程中反复论证，能够提升协商成果的科学性，使决策更加体现人民的意愿，为在乡村治理过程中精准施策提供一定的保证。这一点在村民自治背景下显得尤为重要。当前，我国村民自治中存在着民主决策、民主管理、民主监督缺位或流于形式的现象。而农村协商民主作为村民自治的有效补充，可以在乡村治理决策形成的过程中，充分调动更多的包括农民、商人、农民企业家、外出务工人员、乡贤等农村多元利益主体发表意见、表达看法、参与决策，推进村民自治的进一步发展。值得注意的是，20世纪90年代后，基层党组织逐步在农村协商民主的过程中发挥着组织、主导的作用，引领协商各方进行协商，并最终达成共识。这种主导作用不仅能确保协商过程中主流意识形态的主导地位，更能够确保村民自治的合理方向。总的来说，农村协商民主是在党的领导下提升乡村治理科学性和有效性的重要手段。

第三，协商民主是培育农村群众政治参与的有效渠道。我国是一个农业人口大国，农民政治参与对我国民主政治建设至关重要，事关国家稳定和社会发展。美国政治学家亨廷顿就认为:"在处于现代化之中的社会里,这些国家政治稳定的关键就看能否在现存政治体系中动员乡村群众参与政治,而不是反对现存体系"。❶ 然而,在我国农村社会中,由于长期以来存在的落后观念,民主政治建设仍面临着许多难题:一是由于受到中国封建思想的长期影响,部分农民群众仍认为"官"与"民"之间等级森严,认为政治和管理是领导干部的事,对政治表现出冷漠的态度,习惯性选择"听从"。在此背景下,农村群众缺乏政治参与意识,大多数时候是被动式的参与。二是农村民主政治制度发育不完善,尽管村民自治应包含"四大民主",却往往侧重于推进"民主选举",将民主归结于简单的投票表决,民主决策、民主管理、民主监督缺乏畅通的实施渠道,基层民主建设出现了"偏科"现象。三是农村地区宗族观念浓厚,这也对农村地区民主政治的发展提出了严峻挑战。四是由于教育程度、收入水平、信息获得能力以及思维方式等存在差异,人民群众的政治参与水平也存在参差不齐的现象。而协商民主作为一种鼓励公民参与公共事务的民主政治形式,在农民通过参与协商民主为自身争取利益的前提下,能较好地提升农村群众政治参与的积极性和主动性。同时,协商民主能唤起公民自治的理想,呈现出一种基于公民实践推理的政治自治的理想。❷ 协商民主本身就含有充足的理性协商和主体平等的含义,它要求农村群众正视自身当家作主的地位,并对农民群众参与政治生活的能力、态度以及行为规范等方面提出了要求。因此,广大农村群众在参与协商民主的实践过程中,能逐步增强自身的民主意识。正如习近平总书记所指出,"协商民主是党领导人民有效治理国家、保证人民当家作主的重要制度设计,协商民主的实质就是为了更

---

❶ 塞缪尔·P. 亨廷顿:《变化社会中的政治秩序》,王冠华、刘为等译,上海世纪出版集团,2008年,第57页。
❷ 詹姆斯·博曼、威廉·雷吉主编:《协商民主:论理性与政治》,陈家刚等译,中央编译出版社,2006年,第284页。

好地实现广大人民群众的有序政治参与"。❶

第四，协商民主是培育农村民主、平等、合作的政治文化的重要举措。在中国广大农村地区，由于长期以来受到封建思想的影响，许多农民在思维上仍比较保守，官本位思想严重，认为官与民之间仍存在巨大的鸿沟。这种思维并不利于我国农村基层民主政治建设。协商民主在广大农村地区的推行则有利于改变这一状况。通过在农村地区实施基层协商民主，为农民群众提供较为完善的参与民主决策、民主管理和民主监督的政治参与程序，有助于引导农民群众更加广泛地参与农村公共事务的讨论与协商，有助于进一步加深农民群众对自身民主权利的认识，有助于进一步培育农民群众的组织观念、责任感和合作精神。由此可见，在参与协商民主的过程中，农民群众不仅能受到科学的民主实践训练，也能进一步提升自身的民主素养。总而言之，广大农民群众平等地、理性地基于共同关心的问题展开讨论、对话，既体现出民主政治过程中的平等、民主内涵，也强调广大农民群众作为公民的社会责任。可以说，协商民主通过将广大农村群众变成为乡村治理的主体，从而有效地打破了原来一定程度上单向度化的自上而下的乡村权力运行路径，这不仅从根本上改变了乡村社会的政治文化生态，也真正地、有效地落实了人民群众当家作主的权利。

三、协商民主是全过程人民民主的重要内容

（一）全过程人民民主是全链条、全方位、全覆盖的社会主义民主

全过程人民民主是人民当家作主的生动实践和必由之路。2021 年

---

❶ 习近平：《在中央政协工作会议暨庆祝中国人民政治协商会议成立 70 周年大会上的讲话》，人民出版社，2019 年，第 7 - 8 页。

10月13日，习近平总书记在中央人大工作会议上发表重要讲话强调，"我国全过程人民民主不仅有完整的制度程序，而且有完整的参与实践。""我国全过程人民民主实现了过程民主和成果民主、程序民主和实质民主、直接民主和间接民主、人民民主和国家意志相统一，是全链条、全方位、全覆盖的民主，是最广泛、最真实、最管用的社会主义民主"。❶党的十九届六中全会通过的《中共中央关于党的百年奋斗重大成就和历史经验的决议》中，三次提及"全过程人民民主"❷；在党的二十大报告中更是9次提及"全过程人民民主"这一理念。

"全过程人民民主"是对社会主义民主政治理论的重大创新，是对中国特色社会主义民主政治实践的生动概括。作为我国人民当家作主的新实践新机制和人类政治文明新形态，全过程人民民主充分彰显了中国式民主的制度优越性。深化与发展全过程人民民主是新时代的必然要求。

事实上，"全过程人民民主"的提出进一步明确了我国民主政治建设的价值追求，高度概括出我国人民当家作主的实践样态。具体而言，"全过程人民民主"具有以下内涵：

一是全过程人民民主的主体是最广大的人民群众。在我国，一切权力属于人民，人民享有广泛的民主权利。全过程人民民主就是旨在通过有效维护广大人民的广泛真实权利，从而体现人民利益、反映人民愿望、实现人民期盼、增进人民福祉的一种新型民主形态。因此，全过程人民民主要求始终将实现最广大人民根本利益作为民主政治建设的出发点和落脚点，围绕人民群众的实际需求制定民主框架、设计民主程序；要求切实保障人民在日常政治生活中有广泛、持续、深入地参与的权利，形成完整的制度程序和参与渠道；要求必须将包括弱势群体和边缘

---

❶《习近平谈治国理政》（第四卷），外文出版社，2022年，第260－261页。
❷《中共中央关于党的百年奋斗重大成就和历史经验的决议》，人民出版社，2021年。

群体在内的"全体人民"都纳入民主过程，使广大人民群众的利益诉求真正进入政策议程，并最终形成为公共决策。

二是全过程人民民主是在时间上具有完整性与连续性的民主。与西方民主仅仅局限于选举民主不同，我国全过程人民民主强调要实现全链条的民主，即要确保人民民主权利是持续的、不间断的。全过程人民民主构建了民主选举、民主决策、民主管理与民主监督的完整闭环链条，这不仅有效避免了西方社会广泛存在的选举之间的民主空档期，也为人民群众参与决策、管理与监督提供了相应的制度设计，使得民主成为一个有机的系统。

三是全过程人民民主意味着人民民主的框架设计构成了一个全方位的有机系统。首先，全过程人民民主不仅涵盖了选举民主领域，也涵盖了治理民主的领域，人民民主在民主的全过程均得到了体现。同时，全过程人民民主不仅要求实现在民主过程中的民主，也要求确保实现成果民主。在司法领域，全过程人民民主不仅强调实现在立法过程中的民主，也强调实现在执法和司法过程中的民主。此外，全过程人民民主也强调法治的重要性。法治是人民权利的守护者、社会稳定的奠基石，落实全过程人民民主离不开法治的保障。

四是全过程人民民主是一种多层级、全覆盖的运作界面。从覆盖层级上看，从中央到地方基层政府，从立法机关、行政机关到司法机关，从党内到党外，都在积极探索全过程人民民主的丰富实践形式。党内民主生活会、人大会议与政协会议、基层群众自治等构成了我国丰富的民主实践形式。从民主议题上看，全过程人民民主实现了经济、政治、文化、社会与生态文明等范畴的全覆盖。

（二）协商民主是全过程人民民主必不可少的重要环节

全过程人民民主涵盖了民主选举、民主协商、民主决策、民主管理、民主监督等民主过程的全部要素。其中，作为"中国社会主义民主政治的特有形式和独特优势"，❶ 协商民主在发展全过程人民民主的过程中具有独特的、不可替代的功能。

社会主义协商民主是充分保证人民当家作主的独特制度设计，因而也是全过程人民民主的必不可少的重要组成部分。正如习近平总书记所说，"人民群众是社会主义协商民主的重点"❷。中国特色社会主义协商民主的最根本功能和最显著优势就在于依靠人民群众的政治参与解决国家治理的重大问题和涉及群众切身利益的实际问题。作为一种民主形式，协商民主意味着包括党政机关、各类社会组织、广大人民群众在内的不同的政治行为者能够通过规范化的制度平台和渠道，通过平等协商达成理性的共识，作出符合公共利益的合法决策。

社会主义协商民主有助于人民群众广泛参与民主实践，从而将全过程人民民主真正落到实处。民主的本意是"主权在民"，因此，人民在政治生活中的参与程度，是评判民主程度的重要标准。发展全过程人民民主，就是要不断扩大人民政治参与的范围与程度，保障人民群众能有效、广泛地参与民主选举、民主决策、民主管理和民主监督。协商民主为各界群众的政治参与提供了广阔的舞台，确保人民群众对公共事务和公共决策的意见表达和理性讨论，从而有助于防止出现民主参与渠道不畅的问题。

社会主义协商民主有助于广泛凝聚力量、达成科学决策。这既是社会主义协商民主的鲜明特质，也是其独特优势。在协商过程中，各协商主体平等、理性地开展讨论、交流与对话，并在此基础上寻求各方利益的最大公约数，力求达成共识，从而最大限度地保证科学决策的实现，这也是全过程人民民主的应有之义。事实上，也正是基于协商民主具有

---

❶ 习近平：《在庆祝中国人民政治协商会议成立65周年大会上的讲话》，人民出版社，2014年，第12页。
❷ 习近平：《在庆祝中国人民政治协商会议成立65周年大会上的讲话》，人民出版社，2014年，第20页。

多元主体广泛参与、平等理性协商、达成科学合理决策的独特功能和制度优势，因而成为全过程人民民主必不可少的重要环节。

总而言之，协商民主是全过程人民民主的重要内容，新时代落实全过程人民民主应当深入推进协商民主的实施。只有依托科学、高效的协商机制，才能使全过程人民民主在国家治理和社会治理中发挥最大的治理效能。

四、当代中国农村基层协商民主的特点

农村基层协商民主作为中国特色社会主义协商民主的重要组成部分，是指在广大农村地区，农村基层群众或相关组织通过依法、理性、有序的政治参与，采用协商、讨论和对话等形式，就其所在村落的公共事务或者其他涉及村民自身利益的重大问题，提出相应的意见和建议，以最大限度达成共识或者形成决策的一种民主形式。中国特色农村基层协商民主是农村社会经济发展和农民不断分化的产物，它是在人民当家作主的政治制度框架内形成的，是对农村民主政治实践的深化与完善，是社会主义民主的重要组成部分。中国式农村基层协商民主具有以下特点。

第一，政治性。中国特色社会主义协商民主是在马克思主义及中国化马克思主义理论成果的指导下，在中国共产党领导的革命、建设和改革的实践中，逐步探索和发展起来的，是中国共产党和中国人民的伟大创造。中国特色社会主义协商民主是维护人民当家作主地位的民主政治形式，因而它有着鲜明的人民立场。中国共产党是为人民服务的政党，人民利益的实现离不开中国共产党的领导，中国共产党是中国特色社会主义事业的领导核心。因此，中国特色社会主义协商民主本身也体现着鲜明的政治立场。在具体实践中，农村基层协商民主的开展应当始终在中国共产党的领导下进行。具体而言，在推进农村基层协商民主的过程

中，基层党组织应当把握政治方向，并在此基础上协调各方关系、组织协商对话、监督程序实施，从而有效推动公众政治参与、协调多元利益、实现科学决策。在此过程中，应尤其注重遏制宗族势力、宗教势力和黑恶势力等对协商的干预。作为中国特色社会主义协商民主的重要组成部分，农村基层协商民主的实施是推进中国特色社会主义民主政治建设的重要渠道。

第二，主体多元性。随着改革开放的不断深入和社会主义市场经济的不断发展，中国社会利益分化日益凸显，多元利益主体开始涌现。在我国农村地区，随着进城务工、基础教育和乡村企业建设等的不断推进，农村社会结构也日益多元化，利益诉求日益多样化。中国特色农村基层协商民主就是在这样的背景下产生的，多元利益主体的存在是建构农村民主协商治理机制的社会基础。正是由于农村社会多元利益主体的存在，才赋予协商存在的价值和动力。协商民主作为一种民主政治形式和治理手段，为多元利益主体平等、有序政治参与提供了渠道。随着农村经济社会和农村利益格局日益多元化，农村治理机制应当为农民群众、基层党组织、基层政府、农村集体经济与合作组织、社会团体、外来人员以及其他涉及利益的个体、群体或组织等提供协商互动的平台。农村基层协商民主的基本功能，就是通过多元主体之间的平等协商对话，消除分歧、达成共识，从而形成农村发展的合力。

第三，广泛包容性。中国特色农村协商民主具有广泛的、包容的实施形式、适用范围、参与主体和表达方式，它允许多元利益主体发声，不排斥人民立场内的任何利益诉求的表达。首先，从实施形式上看，农村协商机制强调采用协商、对话的方式进行治理，但并不排斥选举投票机制、多数决定机制和代表性机制。"选举民主与协商民主相结合，是中国社会主义民主的一大特点"。[1] 协商民主与选举民主共同在中国特

---

[1] 国务院新闻办公室：《中国的政党制度》（白皮书），2007年11月15日。

色社会主义民主政治中发挥着重要作用。其次，从适用范围来看，协商既可以发生在正式组织中，也可以发生在非正式组织中。从参与主体看，除农民群众、基层党组织、基层政府、农村集体经济与合作组织、社会团体、外来人员以及其他涉及利益的个体、群体或组织外，可邀请党代表、人大代表、政协委员、群团组织负责人、群众代表、社会工作者、老党员、老干部等列席。也可邀请专业人士、第三方机构提供参考意见。从表达意志的方式看，农村协商民主倡导理性表达，但不排斥感情的适当宣泄，参与者可以充满感情地提出问题或表达意见，也可以适度地表现出气愤，让感性与理性共同成为表达协商者心声的方式；从结果看，农村协商民主追求达成理性共识、形成科学决策，但是在具体的协商过程中，参与者可以出于多元的利益诉求立场，形成不同的赞成决策的理由。

第四，教育性。中国农民长期受封建主义政治文化影响，民主意识不强、政治参与的自觉性较弱，在对待政治时往往采取保守的态度，习惯于"听从"指挥。尽管如此，改革开放以来，随着社会主义市场经济的发展和文化教育的普及，广大农民群众的思想和观念也发生了巨大的变化，他们正在开始对民主、权利表现出兴趣和关心，他们发现许多公共事务与自身利益密切相关，于是他们开始不断尝试行使和维护自身民主权利。这是农村工作中出现的一个新特点，也是当前开展农村基层协商民主的重要背景。因此，中国特色农村基层协商民主还承担着培育农民政治意识的重要使命。农村基层协商民主的开展，有助于引导农民群众在协商民主实践中培育民主意识，提高政治责任感和政治效能感，从而使农民群众逐渐成长为具有公共意识的合格公民。

第二章

当代中国农村基层协商民主与乡村治理的互动进程

尽管协商民主理论在20世纪80年代才兴起于西方政治学界,但协商民主的理念和实践在我国早已存在。正如习近平总书记所说:"社会主义协商民主在我国有根、有源、有生命力,是中国共产党和中国人民的伟大创造"[1],它内生于中国共产党领导的新民主主义革命、社会主义革命与建设和改革开放历程之中。事实上,早在新民主主义革命时期,抗日民族统一战线、陕甘宁边区"三三制"政权的建立等就包含了在乡村治理中实现协商民主的价值追求。"新民主主义的议事精神不在于最后的表决,主要是在于事前的协商和反复的讨论。"[2] 中华人民共和国成立以来,面对社会主义改造、建设和改革的任务,农村基层协商民主不断发展与完善,成为推进乡村治理向好发展的重要渠道。

---

[1] 习近平:《学习贯彻党的十八届四中全会精神运用法治思维和法治方式推进改革》,《人民日报》2014年10月28日第1版。
[2] 《关于人民政协的几个问题》,《建党以来重要文献选编(1921—1949)》(第二十六册),中央文献出版社,2011年,第697页。

一、1949—1978年：乡村治理过程中农村基层协商民主的初步探索

"国家各方面的关系都要协商"❶。新中国成立以后，中国共产党十分重视协商民主尤其是政治协商在统一战线中的作用，形成了人民政协会议、双周座谈会、最高国务会议等多种协商民主的载体形式。

在农村治理领域，为配合该时期充分调动农民群众参与土地改革与社会主义改造和建设的主动性的需要，党中央对农村基层民主的模式进行了积极探索。

新民主主义革命时期，中国共产党领导下的农民群众组织——农民协会就已在一些地区存在。新中国成立后，面对错综复杂的国内外形势和繁重艰巨的建设任务，必须进一步巩固与发展人民民主统一战线，最大限度地团结一切可以团结的力量，以巩固新生的人民政权。因此，通过推进土地改革，有效团结和依靠新解放区内的广大农民成为重要任务。在此背景下，农民协会相继在各解放区建立。1950年7月，《农民协会组织通则》正式颁布，通则强调农民协会的主要任务包括保护农民政治权利及其他利益，鼓励农民参与人民民主政权的建设等方面；明确指出在农民协会内，会员享有"有发言权，表决权，选举权，被选举权；并有建议撤换农民协会工作人员的权利"。❷也就是说，农村协会会员拥有围绕协会事务发表相关言论以及提出意见建议的权利。在《人民日报》发布的《关于农民协会组织通则的几点解释》中对此的解释是：农民协会的成立，就是"要使几千年来，处于封建淫威之下的、文化落后的、毫无民主生活习惯的千百万农民的文化水平提高起来，政治觉悟水平提高起来，保障他们的民主政治权利，使我们国家的民主化深

---

❶《毛泽东文集》（第六卷），人民出版社，1999年，第386页。
❷《建国以来重要文献选编》（第一册），中央文献出版社，1992年，第347页。

入贯彻地实现。"❶ 1951 年 4 月,毛泽东在致邓子恢等人的电报中,再次强调"土改后,农村的任务规定为生产教育民主"是对的,也即"除生产教育两项任务以外,还有一项建立民主生活的任务"❷。邓子恢认为,在土改中必须"注意政治上建立农民对共产党的信仰,组织上办好农民协会,培养农民领袖,确实团结农民"。❸ 这说明,当时的中国共产党领导人已经对在农村地区发展基层民主给予了充分的重视。

1956 年,毛泽东提出了"商量政府"的概念,认为我们的政府"是跟人民商量办事的,是跟工人、农民、资本家、民主党派商量办事的"。❹ 商量办事的过程就是发扬民主、集思广益的过程,就是科学决策、民主决策的过程,就是实现人民当家作主的过程。事实上,"商量政府"概念充分彰显了中国共产党"一切为了群众、一切依靠群众"的群众路线,蕴含有丰富的协商民主内涵。习近平总书记在庆祝中国人民政治协商会议成立 65 周年与 70 周年的讲话中,曾提及"商量政府"一词,并在多个场合多次强调"有事好商量、众人的事情由众人商量"等,这事实上正是对毛泽东的"商量政府"思想在中国特色社会主义协商民主制度的发展历程中的重要地位的强调。

随后,伴随着"政社合一"的人民公社制度的建立,社内的民主制度也相应建立起来。"民主办社"成为这一时期人民公社的重要管理办法。1960 年 8 月 5 日,在《人民日报》上刊发的《坚持勤俭办社,加强财务管理》的社论强调,广大人民群众在搞好公社的财务管理和经济核算中发挥着重要的作用,为此"包括制度的建立,计划的制定,资金的使用,收益的分配,等等重大问题,都要经过群众的充分讨论"❺。

---

❶《关于农民协会组织通则的几点解释》,《人民日报》1950 年 7 月 16 日。
❷《建国以来毛泽东文稿》(第一册),中央文献出版社,1987 年,第 217 页。
❸《邓子恢传》,人民出版社,1996 年,第 412 页。
❹《毛泽东文集》(第七卷),人民出版社,1999 年,第 178 页。
❺ 甄树德:《坚持勤俭办社,加强财务管理》,《前线》,1961 年第 2 期,第 11 - 12,14 页。

1962年9月27日，中共中央八届十中全会通过了《关于进一步巩固人民公社集体经济、发展农业生产的决定》，明确强调"民主办社、民主办队"❶的方针，要求：一切耕作问题，经营管理问题，分配问题，都应该事先在群众中进行充分的酝酿和讨论，不得由干部个人或者少数人擅自决定。同时，本次会议通过的《农村人民公社工作条例（修正草案）》对人民公社的性质、体制、规模、职权等作出具体规定。其中，明确规定"生产队的生产和分配等一切重大事情，都由生产队社员大会讨论决定，不能由干部决定。事先都应该征求社员的意见，向社员提出几种不同的方案，并且把每一种方案的具体办法向社员说清楚，经过充分讨论，由社员大会民主决定。"❷"生产队管理委员会，应该随时听取社员的各种不同意见，既要按照大多数人的意见办事，又要保障少数人的民主权利和经济利益。"❸这些规定展示出了社员大会的商讨和表达功能，同样体现出丰富的协商民主内涵。

　　1962年毛泽东在总结社会主义建设经验教训说："意见不是从群众中来，就不可能制定出好的路线、方针、政策和办法。"❹事实上，尽管没有明确提出"协商民主"概念，但新中国成立初期我国的这些历史实践都具有"协商民主"的性质。这说明，在这一时期中国共产党已经深刻认识到了农民政治参与在推进农村基层民主建设中的重要意义。同时，正如毛泽东所说："人民代表大会是权力机关，这并不妨碍我们成立政协进行政治协商。……人民代表大会已经包括了各方面，人大常委会是全国人民代表大会的常设机关，代表性当然很大。但它不能

---

❶《中共中央文件选集（1949年10月—1966年5月）》（第41册），人民出版社，2013年，第63页。
❷《中共中央文件选集（1949年10月—1966年5月）》（第41册），人民出版社，2013年，第109页。
❸《中共中央文件选集（1949年10月—1966年5月）》（第41册），人民出版社，2013年，第110页。
❹《毛泽东自述》，人民出版社，1993年，第13页。

包括所有的方面,所以政协仍有存在的必要,而不是多余的"❶。这一时期,中国共产党已经初步认识到了选举民主不是全能的,为了实现最广泛的人民民主,应该充分发挥协商的作用。

随后,"文化大革命"期间,中国农村基层民主建设基本处于瘫痪状态。广大农民被动员起来参与批斗、辩论、张贴大字报等政治活动中,同"走资派"的社队干部和农村"地、富、反、坏"四类分子作斗争,监督村干部的方式被扭曲,使得农村社会的政治秩序遭受重大冲击。

二、1978—2012 年:市场经济促进农村基层协商民主的发展

"文化大革命"结束后,通过对社会主义建设过程中的经验和教训进行总结,中国共产党充分意识到了推进民主政治建设、保证人民群众意见表达的重要性。邓小平对此强调:"只有认真地总结群众的经验,集中群众的智慧,才能指出正确的方向,领导群众前进"❷,"第一条就是要同人民一起商量着办事"❸。在党和国家的高度重视下,中国农村基层协商民主不断得到快速发展。

改革开放初期,伴随着村民自治制度的建立,以村民会议、村民代表会议为代表的基层协商形式在乡村治理过程中发挥着重要作用。村民会议是村内最高的权力机构,有权讨论决定村内重要事务。同时,由于我国幅员辽阔,各地区农村差异较大,针对人数较多或者居住分散等不易召开村民会议的情况,《中华人民共和国村民委员会组织法》(以下简称《村委会组织法》)规定可以设立村民代表会议,讨论决定村民会

---

❶ 逄先知、金冲及:《毛泽东传(1949—1976)》(上),中央文献出版社,2003 年。
❷ 《邓小平文选》(第一卷),人民出版社,1994 年,第 218-219 页。
❸ 《邓小平文选》(第三卷),人民出版社,1993 年,第 268 页。

议授权的事项。村民代表会议由村民委员会成员和村民代表组成,村民代表应当占村民代表会议组成人员的五分之四以上,妇女村民代表应当占村民代表会议组成人员的三分之一以上。村民代表会议既是一个决策机构,又有议事功能,所以它又被称为村民代表议事会,很多地方称它为"小议会"❶。其中以山东烟台市牟平的"民主议事日"最有代表性,这是中国第一个命名民主议事日的议事机构,具有突出的协商内涵与精神。

1987年,党的十三大报告把"建立社会协商对话制度"列为政治体制改革的一项重要内容,强调"各级领导机关必须把它作为一件大事去做",❷ 认为"各级领导机关的工作,只有建立在倾听群众意见的基础上,才能切合实际,避免失误。领导机关的活动和面临的困难,也只有为群众所了解,才能被群众所理解。群众的要求和呼声,必须有渠道经常地顺畅地反映上来,建议有地方提,委屈有地方说。这部分群众同那部分群众之间,具体利益和具体意见不尽相同,也需要有互相沟通的机会和渠道。因此,必须使社会协商对话形成制度,及时地、畅通地、准确地做到下情上达,上情下达,彼此沟通,互相理解。"❸ 党的十三大报告以党的文件的形式确认了干群以及群众之间以平等的身份进行面对面的对话协商的合理性。建立社会协商对话制度,是正确处理和协调各种不同利益与矛盾的需要,也是发扬社会主义民主、调动群众积极性的有力措施。

1993年3月第八届全国人民代表大会第一次会议通过的《中华人民共和国宪法修正案》,其中序言部分增加了"中国共产党领导的多党合作和政治协商制度将长期存在和发展"的内容,将我国的这一重要政

---

❶ 韦民:《说说村民代表会》,《乡镇论坛》1998年第9期。
❷ 中共中央文献研究室编:《十三大以来重要文献选编》(上),中央文献出版社,2011年,第37页。
❸ 《十三大以来重要文献选编》(上),人民出版社,1991年,第43页。

治制度首次以宪法形式予以确认。

随着社会主义市场经济体制逐步确立，包括土地、人力、自然资源等农村各类资源的隐含价值逐渐显性化，个人财富的差别化被认可。在此背景下，围绕资源与利益分配，农村社会的多元利益主体纷纷涌现，乡村社会纠纷也逐步呈现直线增长的状态，乡村治理秩序受到极大的冲击和挑战。然而，由于许多利益冲突均涉及乡村整体规划，原有的村民自主协商已无法解决矛盾。21世纪前后，以浙江温岭的"民主恳谈制度"等为代表的基层党组织及政府，积极主动介入群众利益协调，形成了农民与政府平等对话、互尊互信的双向互动的协商民主关系，这种农民自愿参加、自选主题、政府负责解决问题的协商治理模式开辟了一条农民反映民意的合法有效渠道。浙江温岭的"民主恳谈制度"是中国农村协商民主的重要实践。自此我国的农村基层协商民主构建出一条在基层党委和政府协调功能下多元主体共同参与的道路，体现了更高程度的农村基层协商民主水平。

基于该时期协商民主的成功实践，2007年11月，国务院发布了《中国的政党制度》白皮书，在政府文件中首次正式使用了"协商民主"的概念，并第一次向全世界介绍了这一制度形成的历史必然性和巨大优越性，强调"选举民主与协商民主相结合，是中国社会主义民主的一大特点"，"人民通过选举、投票行使权利和人民内部各方面在做出重大决策之前进行充分协商，尽可能取得一致意见，是社会主义民主的两种重要形式。"

总体而言，这一时期在十一届三中全会纠正了"左"倾的错误后，中国农村基层协商民主制度在探索中不断前进，不仅在国家制度层面得到了初步确认，在实践中也产生了许多尝试性探索。

三、2012 年至今：以协商共治为重要导向的乡村治理机制逐步生成

党的十八大报告指出，社会主义协商民主是我国人民民主的重要形式，要求"要完善协商民主制度和工作机制，推进协商民主广泛、多层、制度化发展"。这正式确认了协商民主在中国社会主义民主政治中的地位。其中，在开展政治协商的同时，应"深入进行专题协商、对口协商、界别协商、提案办理协商。积极开展基层民主协商"，对基层民主协商的开展提出了明确要求。❶

2013 年 12 月，党的十八届三中全会进一步明确了"协商民主是我国社会主义民主政治的特有形式和独特优势，是党的群众路线在政治领域的重要体现"的重要地位，明确了协商民主与选举民主并行的农村基层民主政治建设的思路，指出要开展形式多样的基层民主协商，推进基层协商制度化。

2015 年 2 月中共中央印发的《关于加强社会主义协商民主建设的意见》明确提出要发展基层协商民主，指出"涉及人民群众利益的大量决策和工作，主要发生在基层。要按照协商于民、协商为民的要求，建立健全基层协商民主建设协调联动机制，稳步开展基层协商，更好解决人民群众的实际困难和问题，及时化解矛盾纠纷，促进社会和谐稳定"。其中，关于农村基层协商明确提出了"坚持村（居）民会议、村（居）民代表会议制度，规范议事规程。积极探索村（居）民议事会、村（居）民理事会、恳谈会等协商形式。重视吸纳利益相关方、社会组织、外来务工人员、驻村（社区）单位参加协商"的要求。中国农村协商民主发展开始步入快车道。

---

❶ 《坚定不移沿着中国特色社会主义道路前进为全面建成小康社会而奋斗——在中国共产党第十八次全国代表大会上的报告》，《人民日报》2012 年 11 月 15 日。

第二章 当代中国农村基层协商民主与乡村治理的互动进程

2017年10月,党的十九大报告再次提出要扩大人民有序政治参与,保证依法实行民主协商,"发挥社会主义协商民主的重要作用"❶,"加强协商民主制度建设,形成完整的制度程序和参与实践,保证人民在日常政治生活中有广泛持续深入参与的权利"。

党的十八大以来,我国农村基层协商民主建设实现了从个别地区创新到全国整体推进的图景,在乡村治理过程中发挥着愈发重要的作用。首先,农村协商民主形式不断创新,建立起了民情恳谈会、社区议事会和民主听证会等新型协商民主机构。同时,以四川省邛崃市"新村发展议事会"、安徽省安庆市的"党员代表议事会"制度和安徽芜湖的"村民项目理事会"等创新型协商民主制度为代表,形成了以"议事会"与"理事会"为主要形式的农村基层协商民主形式,这也意味着农村基层协商民主不断走向日常化和常规化。

此外,以协商共治为重要导向的乡村治理机制逐步生成。农村协商民主作为一种农村多元主体参与乡村治理的制度,深刻改变了传统乡村社会的管理格局,也对乡村公共权力产生及运行产生了重要影响。村民的民主政治参与从过去一次性的"投票式"民主向当前常态化的、持续推进的"协商民主"迈进。乡村治理的方式也从以往的单向的自上而下的管理走向以基层协商为基础的"共建共治共享"的治理。其中,以北京朝阳区"党政群共商共治工程"、重庆开州区麻柳乡的协商"八步工作法"、河南邓州的"4+2"工作法、浙江象山的"村民说事"和"村务会商"等为典型。这些民主协商的实践摆脱了以往只重视民主选举而不重视村民参与村庄管理事务的农村基层自治困境,使得村民自治从少数村干部的治理走向多数人的"共治",使农村社会呈现出有效衔接、良性互动的良好新局面。

---

❶ 《决胜全面建成小康社会夺取新时代中国特色社会主义伟大胜利——在中国共产党第十九次全国代表大会上的报告》,《人民日报》2017年10月28日。

第三章

当代中国农村基层协商民主与乡村治理的创新实践

  21世纪以来，我国各地陆续涌现出了一批符合国情、地情的农村基层协商民主治理形式，如浙江温岭的"民主恳谈制度"、北京顺义区的"五大、三议、三审、三公开"制度、浙江象山的"村民说事"、北京朝阳区的"党政群共商共治工程"、重庆开州区麻柳乡的协商"八步工作法"、天津宝坻区的村级"民主协商议事会"、河北青县的"村民代表会"、河南邓州的"4+2"工作法、广东蕉岭的"村监事会制度"和安徽巢湖的"民主评议村干部"等。这些具体实践，将协商民主巧妙融入乡村治理的过程，有效探索了协商民主与票决民主的互动衔接，同时提升了农村多元利益主体的政治参与水平，提高了农村群众的民主政治意识和政治素质，人民民主在农村社会取得了实质性的进展。根据参与主体、参与方式以及程序设计的不同，可以将当前我国农村基层协商民主与乡村治理的创新实践大致划分为党群对话式协商、外部监督式协商、乡贤德治式协商和民主自治式协商四种类型。

一、党群对话式协商

在我国，乡镇党委和村党组织是党在农村全部工作和战斗力的基础，全面领导乡镇、村的各类组织和各项工作。在此背景下，我国部分地区的农村基层组织充分发挥战斗堡垒作用，以开拓创新的精神不断挖掘与丰富党群沟通渠道，建构起了较为完善的党群对话式协商机制。这不仅有助于农村基层组织进一步加强与人民群众的联系、广泛地听取民意、达成科学公共决策，也有助于提升农村村民的政治参与度，形成人人积极主动参与乡村治理的良好局面。

（一）浙江温岭的"民主恳谈制度"

温岭市是我国较早实行农村股份合作制试点的地区之一。随着市场经济的发展给乡村生活带来巨大变化，民众的权益意识和政治参与意识明显增强，他们愈发关注村务工作水平对其生产和生活的影响。浙江温岭民主恳谈制度始于1999年，所谓的"民主恳谈"，是指在党委和政府的主持下，"大家的事情大家商量着办"的民主形式。历经二十余年的发展，浙江温岭民主恳谈从最初作为一种思想政治工作方式，到被纳入公共政策制定过程，再到引入乡镇人大乃至市级政府部门，逐步建构成了多领域、多渠道、多层次的基层协商民主制度体系。主要包括以下七种协商类型。

（1）政府决策协商。为确保政府部门的科学决策，温岭市市镇两级政府在制定公共决策前召开民主恳谈会，通过邀请与决策事项相关的个人、利益群体和社会组织以及社会各界代表等参与协商，广泛了解民意，同时也鼓励社会公众自愿参与其中，确保决策程序的公开与透明。该类协商的主题一般选取具有公共性或与人民群众切身利益密切相关的问题，既可以由政府确定，也可以由人大代表和社会公众提出建议。温岭市政府决策协商有着规范的组织程序：在恳谈协商前，政府提出拟定的决策方案；提前公开告知公众关于召开民主恳谈会的有关信息；协商时，政府与协商参与者围绕公共决策平等地展开有序沟通，就争议问题进行讨论与解释，力求减少分歧、达成共识；协商结束后，政府按照经充分协商达成的各项共识，进一步调整、完善方案，形成最终决策；在决策实施过程中，接受人大代表和社会公众的监督。

（2）财政预算协商。该类协商将财政预算、民主恳谈和人大制度结合起来，分为公众参与预算编制、人民代表大会审查与批准预算草案、预算执行与监督三个环节。首先，镇政府主持召开预算编制民主恳谈会，组织选民代表与乡镇人大代表就本年度公共财政预算进行初审，围绕预算草案与政府进行对话、讨论与协商，并提出意见与建议。其次，在乡镇人民代表大会会议召开期间，代表们再次审议政府预算报告，并提出修改意见等。在乡镇人民代表大会闭会期间，由乡镇人大财经小组担负起监督预算实施的职责，对执行情况开展经常性监督。同时，在预算执行中期，乡镇人大主席团负责主持召开关于预算执行情况的民主恳谈会，邀请人大代表和一些自愿参与的公民对政府预算执行进度进行询问和审查，以确保财政经费的公开、透明和有序使用。

（3）党内民主恳谈。2008年，温岭市出台了《中共温岭市委关于党内民主恳谈的若干规定（试行）》，进一步规范了党内民主恳谈活动的操作流程规范，明确规定了需提交党委讨论决定的五方面事项，包括提交党代会、全委会审议的工作报告，党代会代表提出的全局性或涉及面较广的提案，拟出台的重要规范性文件，基层党建的重大问题，党员群众反映强烈的热点难点问题等。温岭市党内民主恳谈通常由党委主持召开，党代表和党员是主要的参与群体。其会议程序也通常是由通报议题、对话讨论、现场答复和梳理总结四个方面组成，党代表和党员们围绕提前征集或设定的议题，展开对话与讨论，提出意见与建议，并就疑惑之处提出询问，党委现场进行答复，在此基础上进一步梳理和完善会议中达成的共识，形成公共决策。

（4）政协议政协商。该类协商将民主恳谈形式融入人民政协履职过程，通过深入开展专题协商、对口协商、界别协商、提案办理协商，以此来优化人民政协职能的发挥。政协议政协商的议题一般选取本地区经济社会发展过程中的重大问题和涉及广大人民群众切身利益的重大公共事项。在确定议题之后，市政协在调查研究和反复论证的基础上，提出初步的方案；随后，召开民主恳谈会，通过对话、协商的方式，听取社会各界的意见与建议；最后，市政协收集、整理协商要点，整理形成"专题协商会议纪要"或"协商建议案"，并提交有关部门。

（5）工资集体协商。包括行业工资集体协商、区域工资集体协商和企业工资集体协商三种类别。行业工资集体协商由行业工会、行业协会和政府三方参加，企业工资集体协商由工人代表、企业主、企业工会三方参加，区域工资集体协商由镇总工会、村联合工会与商会、企业主委员会或者经营者代表进行集体协商。在工资集体协商的过程中，劳资双方通过协商的方式，达成双方均认同的工价，在职工大会表决以及签订工资协议后，由劳动部门督促检查落实。经过多年的实践探索，目前浙江温岭工资集体协商已经形成了"行业协商谈标准、区域协商谈底线、企业协商谈增幅"的模式。工资集体协商方式的运用，不仅能较好地解决劳资双方的矛盾，推进非公有制经济健康发展，也有助于通过搭建职工表达利益诉求的平台从而更好地调动广大企业职工的生产积极性。

（6）村务社区事务协商。该类协商立足农村地区和城市社区，对村务和社区事务展开协商。村民和社区居民都可自愿、平等地参加民主恳谈会。涉及的议题主要围绕村务与社区事务展开，如农村地区的村集体企业相关事务、村财务预算方案及执行情况，以及工程建设项目及承包方案等。其中，在涉及农村和社区的重要决策时，需召开由全体村民（或每户派代表）参加的恳谈会进行公议公决。

（7）社会对话协商。该类协商主要围绕社会公众广泛关注的各项议题展开，如可适用于土地征用、房屋拆迁、环境治理、社会治安、公共设施建设等所有群众关心的事项和社会热点，市级机关、镇（街道）、村（社区）社会团体、企事业单位以及群众自治组织都可以组织召开。该类协商的目的在于，通过深入人民群众，了解人民群众对某一特定事件的看法，并在沟通的基础上达成共识，从而有效保障人民群众的知情权、参与权、表达权和监督权。

"民主恳谈制度"这一基层协商民主实践自在温岭大地萌生之日起，就吸引着来自各方的热切关注。它不仅有效实现了广大人民群众的各项民主权利，满足了人民群众的政治参与需要，也在紧密联系人民群众的基础上有效化解了社会问题与矛盾，有效地维护了社会的和谐与稳定。"民主恳谈制度"的实践为中国农村基层协商民主的发展提供了可供借鉴的丰富经验。

第一，始终坚持党组织的领导，把牢正确政治方向。从民主恳谈会议题的确定，到引导、鼓励和组织群众有序参与，再到主持协商的具体实施，甚至到协商后决策执行的跟踪监督，党和政府都发挥着重要的引领和保障的作用。同时，党和政府也通过"民主恳谈"的形式，就与群众利益关联度较大的重要公共事务，与群众交流、沟通、协商，共同讨论研究解决，实现了执政方式和领导方式的创新。实践充分证明，中国共产党的领导是充分实现人民当家作主的根本保证；同时，协商民主也是实现党的领导的重要方式，是贯彻落实党的群众路线的重要实践。

第二，开展多层次、多方面的广泛协商。为了更好地满足群众的政治参与需求、实现人民利益最大化，浙江温岭"民主恳谈制度"不断深化和发展，结合人民群众表达诉求的实际需要，拓展了民主恳谈的实施形式，在政权机关、政协组织、党派团体、企事业单位、社会组织以及其他组织中广泛开展了多渠道、多层次、多领域的协商活动，全方位保障和落实了群众的利益诉求,为公众广泛有序的政治参与提供了丰富的渠道和场所。形式多样的协商机制的建构,正是党和政府广泛地、深入地加强党群沟通的重要方式。

第三,推动民主恳谈程序化和制度化。程序与机制的设计是协商民主运行的重要环节,极大程度上决定了协商民主的成效。为此,浙江温岭"民主恳谈制度"围绕协商民主各环节不断健全完善民主恳谈的运行机制和制度程序。协商议题方面,确定与民众切身利益相关的公共议题;参与者方面多为与协商事项相关的个人、利益群体、社会组织以及与协商事项相关的专业人士,特别鼓励公众自主参与;在协商过程中,组织者认真倾听各方意见,尤其是反对的意见,并对参与者的发言做出诚恳的回应;最后,务求通过协商达成共识、形成科学的公共决策。

毫无疑问,温岭的"民主恳谈制度"的实践以其丰富的民主内涵和合理的程序设计全方位地呈现出协商民主在地方管理和社区、乡村地区成功应用的典型案例。"民主恳谈制度"的实践不断发展使当地的乡村治理模式逐渐走向合理,有力推动了当地乡村民主建设的发展。同时,它的成功实践也证明,在乡村治理中引入协商民主是推动乡村社会发展的必然选择。

(二)北京顺义区的"五大、三议、三审、三公开"制度

2013年以来,在地方党委和政府的推动下,北京市顺义区在村级推出"五大、三议、三审、三公开"制度。这是针对重大事项推行的一种村级协商民主与决策制度,旨在鼓励广大村民有序开展政治参与。"五大"分别指大额资金使用、重大资产处置、重大人事任免、重大合同签订和重大项目建设。"三议"分别指村支委会议、村"两委"联席会议、村民代表会议。"三审"分别指村务监督委员会审、包村干部审、镇党委和政府审。"三公开"分别指事前公开、事中公开、事后公

开等。顺义区针对"五大"必须进行事前协商的问题,有针对性地采用了如下不同的基层民主协商形式。❶

(1) 会议式协商。镇(街道)层面依托党员代表大会、人民代表大会,围绕本地区域经济、政治、社会、文化、生态建设等方面的广泛议题,与各界代表进行"面对面协商",就相关问题进行深入讨论与交流,从而集中解决本地区的重要公共事务。

(2) 村级层面的协商。顺义区鼓励村级层面通过召开村级民主日活动以及社区议事协商会议,围绕村级重大问题和社区群众关注的热点、难点和焦点问题进行协商。顺义区规定各村每年召开两次民主日活动,这实际是村级层面开展基层协商民主的一种有效形式。统一时间为:每年上半年的1月18日和下半年的7月18日,主要内容为:村两委班子、村民代表集中听取村委会工作报告和村级财务报告,围绕村集体发展及村内存在的重大问题,提出意见建议,确保村级决策科学化、民主化、制度化。

(3) 入户式协商。为更深入地了解人民群众的真实意愿,密切党群关系,镇级层面通过包村领导和科级干部定期开展入户走访,征求群众意见建议,指导村两委工作。

(4) 网络式协商。充分利用政务信息网上设置的"领导信箱""政风行风热线"等互动式民主协商形式,收集整理网民意见建议。

(5) 专题式协商。包括专题协商、座谈、论证、听证等形式。主要指根据特定的协商议题,展开相应的协商活动,通过邀请相关领域专家、利益相关群体等进行座谈、论证、听证等形式,达成对协商议题的结果反馈。

北京顺义区的"五大、三议、三审、三公开"体现着民主、公开

---

❶ 中共北京市顺义区委统战部课题组、王振林、吕冬冬:《关于北京市顺义区基层民主协商制度化建设的调研报》,载中共北京市委统战部、北京社会主义学院编:《统一战线理论研究(2015)》,学苑出版社,2016年,第94-105页。

和有序的鲜明特征，为当前我国开展农村社会协商民主提供了重要的经验启示。

第一，充分发挥了党的领导的优势。在顺义区的"五大、三议、三审、三公开"的制度设计中，不仅充分发挥了地方政府的组织优势，借助现有党政平台，依托党员代表大会和人民代表大会等广泛开展协商，合理节约了协商组织成本，优化了协商制度设计；还通过安排包村领导和科级干部定期开展入户走访，充分发挥党和政府的队伍优势，拉近了与人民群众的距离，同时也有效提升了协商民主的成效。对党和政府资源的充分利用，使得顺义区的"五大、三议、三审、三公开"制度实现了多渠道、深层次发展。

第二，充分彰显了以人民为中心的工作方针。在顺义区"五大、三议、三审、三公开"推进的过程中，无论是会议式协商、村级民主日活动、入户式协商、网络式协商以及专题式协商等，都是为了深入人民群众，倾听人民群众的真实心声，为人民群众提供反映真实利益需求的渠道而开展和设立的。在这一过程中，人民群众有着平等的政治参与权利，在参与协商的过程中，切实表达着自己的诉求。为更好地解决人民群众的操心事、烦心事、揪心事，畅通群众意见反馈渠道，顺义区在推进"五大、三议、三审、三公开"的过程中，不仅充分利用网络渠道开展协商，同时密切党员干部与人民群众的联系，定期安排包村领导和科级干部入户走访、村两委班子与村民代表定期开展村级民主日活动以及社区议事协商会议等，确保各项决策与方针的上传下达与人民群众意见的有效反馈。

第三，突出体现了公开、开放的特征。北京顺义区的"五大、三议、三审、三公开"强调要做到事前公开、事中公开、事后公开。在推进协商民主发展的过程中，既做到了在事前征集议题、参与者范围等方面的公开公正，也实现了协商过程的开放性，不排斥人民群众任何意见的表达，并对协商后的结果进行公开公示，以及对实施过程中的监督机制做了明确规定。

第四,顺义区的"五大、三议、三审、三公开"体现了有序的特征。"五大、三议、三审、三公开"将协商议题的选择、协商渠道、公开程序以及审议流程都做出了规定,明确了协商各环节的具体操作方法。同时,根据不同组织层级、不同需求,设置相对应的协商方式,彰显了科学、合理的协商民主制度设计。

总体而言,顺义区的"五大、三议、三审、三公开"为我国基层党组织和基层政府探索协商民主建设提供了新的思路和方案,即依托党政力量实现规范化、程序化的协商制度设计。

(三) 北京朝阳区的"党政群共商共治工程"

随着城乡治理对象和利益诉求愈加多元化,传统的管理模式已经滞后于经济社会的快速发展,传统的工作理念、体制机制、方式方法已经不能适应新形势的发展要求。为此,2013年北京市朝阳区创新开展了"党政群共商共治工程",建立起"问政、问计、问需于民"的"居民问政议事协商会"的常态化议事平台。首先是"问需",即通过街道和乡镇"初选协商会"收集居民需求,形成项目议案,解决"办什么"的问题;其次向群众"问计",即政府在前期收集居民真实需求的基础上,主动回到群众中去,与居民协商"怎么办";最后问政的关键是"问效",即把群众监督机制引入其中,在每年的问政座谈会上,由议事代表针对前一年实施项目办理的情况进行评议打分,使群众意见在考核评比中真正发挥监督和制约作用。

总体而言,北京朝阳区的"党政群共商共治工程"主要在以下几个方面下功夫。

一是规范工作程序。北京朝阳区的"党政群共商共治工程"将问政、问计、问需于民作为提升治理水平的重要途径。这就要求在开展治理的过程中，要真正做到从群众中来、到群众中去，也即公共政策的制定和实施都要听取人民群众的意见、接受人民群众的监督。为使工作开展更加规范、有序，北京朝阳区制定了《关于开展党政群共商共治工程的方案》《党政群共商共治工程操作手册》，明确了"党政群共商共治工程"的具体操作方案，细化了"问政、问计、问需于民"各个环节的工作程序。规范化、程序化的设计，使"党政群共商共治工程"在朝阳区多个街道迅速推广开来。

二是丰富问政渠道。一方面，北京朝阳区的"党政群共商共治工程"要求党员干部、社区工作者应深入人民群众走访调研，采取召开座谈会、问卷调查、入户走访等多种形式，全方位地了解人民群众的需求，广泛地征求人民群众的意见与建议。另一方面，畅通"网络问政"渠道。朝阳区开设了朝外地区居民代表网上问政平台、建外 CBD 网站党政群共商共治专栏、"掌上团结湖"问政建议箱、双井"13 社区"微博问政、香河园 e 事员网信平台、亚运村居民 QQ 群等线上沟通渠道，形成了线上线下结合的"问政"网络。❶

三是加强效果监察。为确保"党政群共商共治工程"取得实效，朝阳区组织相关领域专家、人大代表和居民代表等对项目的各项指标进行评审，通过建立第三方评价体系，对立项工程进行绩效追踪将包括受益人群、社会效益、可持续性、实施情况等，纳入街道社会建设行政效能监察范围，做到"事前有标准、过程有跟踪、事后可追溯"，确保"问政"的效率和效果。❷

事实上，北京朝阳区"党政群共商共治工程"彻底改变了传统的"政府单向决策、居民被动接受"的模式，将居民的实际需求放在第一位，实现了"政府和居民双向互动、共同决策"，从而能更好地集中人

---

❶❷ 彭迪：《聚焦民生 治理创新社会新思路　2013 年度中国社区治理十大创新成果发布》，《社会与公益》2014 年第 5 期。

力、物力、财力解决居民反映最集中、最强烈的问题。

(四) 重庆开州区麻柳乡的协商"八步工作法"

1998 年,重庆开州区麻柳乡曾发生了一起村民围攻麻柳乡政府的事件,这一事件引发了基层政府对传统基层管理模式的深刻反思。当时,麻柳乡政府由于缺乏对群众的换位思考,集中收取几年欠费,极大地超出了基层群众的经济承受范围。于是,愤怒的基层群众围堵在麻柳乡政府前,砸门窗、追打乡干部。此事使时任麻柳乡书记的李红彬以及其他乡干部深刻认识到:人民根本不信任我们了!乡政府的工作方式有问题!李红彬认为,"过去政府的工作都是一种行政命令,干部怎样说群众就怎么办。随着社会的发展,人民群众也有这种要求了,就是说继续沿用过去那种行政命令的方式来做群众的思想工作,确实越来越不行了"。[1] 麻柳乡党委和政府逐渐认识到,只有切实代表人民群众的根本利益,充分反映人民群众的利益诉求,才能凝聚民心,促进经济社会发展。

麻柳乡党委在深刻反省的基础上,开展了"乡村干部串万家"活动,希望深入田间地头了解人民群众的实际需求。在活动中,全乡机关干部深入农家院坝、田间地头,征求群众意见和建议 100 多条,处理历史遗留问题 40 多件。乡党委在对征求到的意见进行梳理归纳后作出决定,全力以赴修建群众盼望多年的双河口大桥。在修建此桥的过程中,"八步工作法"的雏形出现了。当时,无论是修桥的决定还是修桥的具体方案的制定,都是经过充分征求群众意见的。在修桥的过程中,财务也由村民自己支配和管理。这一做法使人民群众重新建立起对麻柳乡党委和政府的信任。在 2004 年 4 月,中央组织部以全国基层组织建设工

---

[1] 李严昌:《"青县模式"与"麻柳模式":两个基层民主创新案例的比较》,《理论导刊》2011 年第 8 期,第 60–61 页。

作情况通报的形式,向全国推出了"八步工作法"。即,第一步,深入调查收集民意,弄清大多数群众希望办什么;第二步,召开党员干部和村民代表会议,讨论形成初步方案;第三步,宣传发动统一思想,征求群众对初步方案的意见,争取最大多数人的理解和支持;第四步,民主讨论确定方案,多次召开党员干部和村民代表会议,根据群众的意见修正完善方案,推选工程建设领导小组人选,人选中普通群众必须达到50%以上,所有钱物均由群众代表管理,干部管事不管钱;第五步,户户签字进行公决,赞同率达到85%以上才予以实施;第六步,分解工程落实到户;第七步,村民小组组织实施;第八步,竣工结算张榜公布。工程竣工后,由群众财务管理委员会清算财务,多退少补并张榜公布,每个群众均可随时查账。

"八步工作法"的推行,切实有效地维护了人民群众的根本利益,激发了群众办事的热情,促使了干部工作作风的转变,形成了融洽的干群关系,维护了乡村社会秩序的稳定。通过几年的艰苦工作,当地逐步解决了群众的行路难、饮水难、上学难、通信难、看病难等问题,"八步工作法"受到群众的真心欢迎,农民不但自愿出钱出力办事,还自发给乡党委、政府送来锦旗,在公路边立下"德政碑",呈现出干群关系和谐、社会秩序稳定、各项事业顺利推进的良好局面。

"八步工作法"能顺利推行,主要是基于以下几点:

一是找准为民办事的切入点,调动了群众的积极性。增进民生福祉是发展的根本目的,"八步工作法"把"群众想办的"和"政府要办的"紧密结合起来,充分调动了群众和干部两个方面的积极性。在开展工作以前,"八步工作法"强调要注重到人民群众中开展调查,搞清楚人民群众到底需要什么。再在此基础上,将"群众想办的"纳入政府决策议程,使之成为"政府要办的",这不仅更好地满足了人民群众的真实需求,也为政府决策工作提供了依据。"八步工作法"使群众的意愿得到尊重,人民民主权利得到充分体现,形成了干部紧密联系群众、依靠群众、群众相信干部、支持干部的良好局面。

二是规范干部行为，促进了作风转变。"干部干部，干是当头的，既要想干愿干积极干，又要能干会干善于干"❶。在实际工作中，干部空有一腔干事热情并不足够，还应当树立"从群众中来，到群众中去"的行为准则。以往，部分干部总是将自己的意愿强加在群众身上，并不过多考虑群众真正需要的是什么，怎么做才能真正地维护人民群众的根本利益。而"八步工作法"的诞生，从制度上规范了干部的行为，促进了干部的作风转变。

三是强化了村民的民主意识和自律意识。"八步工作法"营造了平等参与、民主治理的基层氛围，强化了村民的民主意识和自律意识，使农民群众从以前的不想参与、不敢参与，发展到现在的积极参与，极大地提升了农民群众的政治参与水平。同时，村民民主意识和法律意识的提升，也使农村社会各种矛盾能够在法律框架内得到有效化解，较好地维护了乡村社会的稳定秩序。

可以说，"八步工作法"真正有效地聚合了民力和民智，把"群众想办的"和"政府要办的"拧成了一股劲。开县县委书记蒋又一说："麻柳乡党委、政府在实践中总结出的农村八步工作法，创新了代表最广大人民利益的机制和方法，从制度上保证了农民群众当家作主，极大地调动了干部、群众的积极性。"❷

二、外部监督式协商

在我国，基层协商民主的存在并不局限于民主决策过程中，部分地区创新性地将协商民主形式运用到了民主监督过程中，使之成为人民群

---

❶ 中共中央文献研究室编：《习近平关于全面从严治党论述摘编》，中央文献出版社，2016年，第141页。

❷ 任卫东等：《"八步工作法"顺应民心》，《中国青年报》2004年7月5日。

众监督乡村干部的制度平台和重要方式。

（一）广东蕉岭的"村务监事会"制度

在村民自治所包含的四项核心内容中，民主监督具有保障"民主选举、民主决策、民主管理"有效实行的重要功能。但是，由于诸多原因，在现阶段村民自治制度的运行过程中，民主监督却得不到相应的重视。为解决这一问题，自2007年起，广东省梅州市蕉岭县纪委针对村务监督存在的监督不力问题，创造性地在当地开展"村务监事会"试点工作。首先，明确监督主体。"村务监事会"的成员由村民代表会议民主推荐产生，成员主要由农村老干部、老同志、县镇人大代表等具有较高威信的村民共五人组成，任期一年。其中，明确规定村"两委"干部及其直系亲属不得进入监事会。其次，明确监督职责。在监事会中设立重大事项监督组、村务公开监督组和村民诉求表达组等三个小组，分别负责不同的监督内容。最后，明确监督程序。县纪委专门制作《村务监事会工作情况表》和"村务监事会"工作记录本发给各村监事会，并要求监事会每月定期将收集到的群众意见、建议汇总并向村民委员会反映，每月定期召开监事会成员会议研究布置工作，每季度定期向镇纪委反映监事会工作开展情况。[1]

"村务监事会"试行以来，作为"四大民主"方式之一的"民主监督"得以落实，不仅使基层存在的一些矛盾得以有效化解、民主参与渠道进一步扩大，也有效增强了村"两委"的公信力，维护了农村社会的和谐稳定。"村务监事会"的实施对当前农村基层协商民主的发展具有以下两方面的重要意义。

第一，加强基层民主政治建设。民主选举、民主决策、民主管理和

---

[1] 单媛：《民主监督与村民自治制度的完善——以广东省蕉岭村务监督制度的实践为例》，《阅江学刊》2010年第4期，第41－47页。

民主监督是我国基层群众的民主权利。但在实践中,许多地区虽然已经较好地推进了民主选举的实施,但在民主管理、民主决策、民主监督等方面的工作却未到位。蕉岭的村务监督工作制度通过发挥人民群众政治参与的积极性,组织起村务监督机构,较好地克服了以往监督缺位的问题。这不仅使民主监督得以有效落实,也进一步完善了村民自治的框架,使得村民自治焕发出勃勃生机。

第二,遏制腐败现象。近年来,部分村干部利用职权贪污农村基础设施建设和拆迁改造等款项的现象屡见报端。"千里之堤,溃于蚁穴",如果不及时治理基层干部的腐化现象,会动摇群众对我们党和政府的信任。"村务监事会"的设立有效预防与治理了村干部的贪污、腐败现象,有助于不断重塑农村基层组织和广大党员干部良好的形象,化解党群、干群矛盾,使党在农村社会的战斗堡垒更加坚固。

总体而言,蕉岭县的"村务监事会"工作制度,实现了多数人监督身边少数人的设想,不仅取得了更好地监督和预防效果,也充分调动了人民群众的参与积极性,极大地丰富了农村群众的民主实践。

(二)安徽巢湖的"民主评议村干部"

安徽巢湖的"民主评议村干部"制度源于 2006 年的村庄合并带来的冗员问题。当时,安徽巢湖在推进农村综合配套改革的过程中,将原来的 1651 个村合并成 940 个村。❶ 然而,合并后村干部人数并没有做相应的减量,超额的村干部配置导致工作相互推诿扯皮的现象更加严重。针对这一问题,安徽巢湖将民主评议结果作为精减富余村干部的重要依据,由此让群众决定村干部的去留。❷ 安徽巢湖的"民主评议村干部"

---

❶ 谭用发:《"糊涂官"过不了评议关"平庸官"过不了推荐关》,《山西农业(村委主任)》2007 年第 8 期,第 17 页。

❷ 谭用发:《"糊涂官"过不了评议关"平庸官"过不了推荐关》,《山西农业(村委主任)》2007 年第 8 期,第 17 页。

制度主要分为三个程序：第一步，村干部述职。定期召开村民代表大会，会议上村"两委"成员就分管工作、履行职责情况、存在的问题以及今后努力的方向等方面的情况进行汇报。第二步，村民代表提出质询。村民代表们根据村"两委"成员的述职内容，对一些不甚清楚或者有异议的问题当场提出质询。村"两委"成员按照各自的职责与分工，对村民代表提出的质询问题予以解释和答复。第三步，民主评议。在村"两委"成员做工作报告的基础上，村民代表提出意见与建议，并将村干部的工作业绩依据工作成效、工作满意度等指标划分为不同等级，以无记名的方式给村干部投票，进行民主测评和民主推荐。为确保村民代表的民主权利的有序行使，会场大都设有专门的填表室。会议当场进行统计并公布民主测评、民主推荐结果。[1]

安徽巢湖的"民主评议村干部"制度取得了显著的成效。一是降低了精减村干部工作的难度。以往由乡镇政府根据考核情况精减村干部，部分村干部会误以为是遭遇了不公平对待。而村干部本身生活在农村，他们的工作水平如何，广大农民群众最有发言权。所以现在由村民直接投票决定村干部们的去留，被精简的村干部能更加服气。二是有效提升了村干部们的服务意识。通过民主评议的方式决定村干部的去留，能激励村干部们不断改进工作作风和工作方法。民主评议制度的实施，还有助于鼓励村干部们认真听取群众的意见与建议，避免出现独断专行的现象。三是充分调动了人民群众参与民主政治生活的积极性与主动性。让广大人民群众通过开展民主评议来决定村干部的去留，使人民群众感受到了当家作主的成就感，有效激发了群众参政议政的热情。四是密切了党群、干群关系。通过述职环节，村干部们就相关问题进行解释，许多有争议的问题得到了交流与沟通，增进了村干部们与群众彼此

---

[1] 谭用发：《民主评议村干部工作的实践与启示》，《领导科学》2007年第15期，第16－17页。

之间的理解与信任。

可以说,安徽巢湖的"民主评议村干部"制度真正让群众参与了管理、监督与决策,让群众的意见真正地发挥了作用。可见,这一制度在实践中取得了良好的成效,这也给当前我国农村基层民主建设提供了一些经验与启示。

第一,注重运用民主的方法。农村社会矛盾产生的原因是多方面的,但民主流于形式是重要的原因之一。比如在村务管理层面,民主的不到位导致农民群众缺乏畅通的表达渠道,就极其容易导致非制度化的行为的发生。因此,在农村事务管理的过程中,要充分调动人民群众参与的积极性与主动性,拓宽人民群众的参与渠道,必须运用好民主的方法,提高化解社会矛盾、解决实际问题的能力和水平。

第二,充分相信群众、依靠群众。安徽巢湖的"民主评议村干部"充分彰显了人民主体地位,肯定了人民群众的意见的重要价值。事实证明,人民群众能依法管理好自己的事情。因此,在村务管理的过程中,应进一步规范村级民主管理、民主决策和民主监督的程序,完善议事制度,畅通广大村民群众表达的渠道。尤其是在对村干部和村务执行的监督环节,只有将村干部的权力置于广大人民群众的监督之下,才能有效地确保权力不变质。

三、乡贤德治式协商

乡贤文化是中华优秀传统文化的组成部分。时至今日,我国农村地区仍广泛存在着乡贤文化。乡贤往往由于具有较强的社会声望,在乡村治理中发挥着重要的引领作用。基于以上原因,部分地区充分发挥乡贤在治理过程中的重要功能,取得了突出的成效。

(一) 河北青县的"村民代表会"

2002年,河北青县曾发生过持续的上访事件。河北青县的"村民代表会"正是为解决这一问题而诞生的。时楼村分为南院和北院。由于南院村民人数较多,因此在选举中南院的代表总能获胜。加之时楼村又是一个经济发展水平较高的村落,村里建有集体企业,在利益分配这一方面,同样也是因为人数占优,南院占据着优势。因此,为实现自身的权利与利益,北院一直上访告状。时楼村也曾召开由村干部和上访代表组成的政治协商会,但召开时间不固定,只有遇到困难时才召集。因此,北院不再参加政治协商会,又开始上访。❶ 时任青县县委书记赵超英在调研过程中,发现了政治协商会在协调矛盾与冲突过程中的突出作用,为此将其重建,并将其命名为"村民代表会"。时楼村的村民代表会是常设制。在人员组成上,村民代表会由全体村民代表组成,村民代表由每5~15户推举1人或者由村民小组推选若干人。村民代表会经授权代村民会议行使日常议事、决策和监督权。村民代表会至少每季度召开一次会议,一般每月召开一次。❷

村民代表会的成立,使时楼村的矛盾在内部得到解决。事实上,村民代表会的常设,使村民代表会在一定程度上获得了村务的决策与管理权,村委会也在一定程度上成为村民代表会的执行机构。这一权力的转换也带来了村"两委"权力转换的可能,只要村党组织实现对村民代表会的领导,就能解决村"两委"矛盾。为此,时任青县县委书记赵超英提出在村代会设主席,并鼓励村党支部书记通过竞选兼任村代会主席。这样就初步形成了"党支部领导、村代会作主、村委会办事"的

---

❶ 李严昌:《"青县模式"与"麻柳模式":两个基层民主创新案例的比较——兼论中国农村民主治理的前景》,《理论导刊》2011年第8期,第60-64页。
❷ 李严昌:《"青县模式"与"麻柳模式":两个基层民主创新案例的比较——兼论中国农村民主治理的前景》,《理论导刊》2011年第8期,第60-64页。

青县村治模式。① "青县模式"也为当前我国农村基层协商民主建设带来了一些启示。

一是有效调整了村治结构。自推行村民自治以来，在农村治理过程中"两委"之间的摩擦与矛盾时有发生，甚至一度发展成为农村社会亟待解决的焦点问题，较大地影响了村班子建设和战斗力的发挥。而"青县模式"的建立，使得村民代表会成为村务的决策者，村委会则更集中地承担起执行的责任，因此在一定程度上实现了"议行分离"。这种通过区分决策与执行环节的做法，有助于更好地监督执行的效果，从而能有效地预防在村务管理中可能出现的违背民意、权力腐败等现象的发生。

二是充分发挥乡贤作用。面对行政村规模较大、人数较多的情况，村委会干部有时难以做到详细掌握每家每户的具体情况与实际需求，在村务管理中明显存在着信息不对称现象。而在"青县模式"中，每5～15户推选出的一位村代表，其通常比较了解这5～15户人家的具体情况，且在这些人家中较具有威望。因此，通过推选村代表参与村民代表会，不仅有助于更准确地表达农民群众的实际需求和真实想法，也有助于提升决策在农民群众中的认可度。

三是充分实现村民的政治参与。在村民自治的过程中，村委会的选举每三年进行一次，选举产生的村委会干部在日常决策时往往无须征求村民的意见，也缺乏相应的日常监督机制。因此，广大村民的政治参与在日常事务中实际上并没有得到充分体现，只能在村务管理中扮演被动接受的角色。尽管村民全体会议的召开能有效保证村民的政治参与，但是如果凡事都要召开村民全体会议，则未免带来政治参与的成本问题与效率问题。而"青县模式"通过选出代表参与村民代表会，不仅有助

---

① 李严昌：《"青县模式"与"麻柳模式"：两个基层民主创新案例的比较》，《理论导刊》2011年第8期，第60-64页。

于代表村民表达意愿、监督村务实施,也有助于节约政治参与成本,因而成为村民实现民主权利的重要渠道。

四是政治权力的合法化。政治权力合法化意味着权力的行使得到民众的广泛认可。民众的政治参与程度越高,对政治权力的认可度也就会越高。在我国农村,尽管村"两委"成员也是村民的一员,但往往被村民们认为是脱离群众的"官",因此部分村民可能会对村"两委"的工作表现出排斥情绪。而"青县模式"通过组织村民代表会议,在村民中实现了广泛的代表性,不仅使村民们更加认识了自身的民主权利,也有助于相应的决策在村民中的顺畅推行。

五是有效实现了民主管理与民主监督。村民代表会议也是村民们进行民主管理与民主监督的重要渠道。由于村民代表是从村民中推选出来的,因而会由具有一定社会声望的乡贤担任。他们热衷于公共事务的管理,也积极参与村务执行工作。这使得村务管理摆脱了以往少数几人负责的困境。同时,由于村民代表会议具有监督权,由具有一定社会地位的乡贤担负起监督职责,对村委会具有较强的震慑作用,这也有效地预防了贪污、腐败等现象的发生。

四、民主自治式协商

随着农民群众民主意识的不断提升,我国部分农村地区在村民自治的过程中诞生了协商民主的实践。这一类协商民主往往是为解决特定村落内的特定问题而诞生的,并在实践中不断发展成为民主表达的重要渠道并得以固定,成为农村地区民主生活的重要形式。

(一)浙江象山的"村民说事"

浙江象山的"村民说事"模式诞生于 2009 年。随着乡村社会的发展,村民的民主意识不断提高,利益诉求也越来越多元化,利益表达欲望不断增强。然而当时的农村民主政治建设依然存在群众参与程度不高、民主决策不够到位、运行机制不够规范等问题。在乡村治理过程中，农村基层干部也往往缺乏有效地与村民们进行沟通的渠道。在此背景下，"村民说事"制度应运而生。

2009年初，在象山县西周镇杰下村，由于村民们对一笔引水工程补偿款产生怀疑，村委会召开了一场说明会，澄清了补偿款的使用情况，取得了较好的效果，有效地缓和了干群矛盾。村委会干部们从中得到启发，决定将这一做法制度化：一是将每月两次说事日的日期固定下来，定期按时公开说事；二是要"好好说"，也就是要求在说事的过程中要始终坚持理性原则，确保说事有序进行；三是说事的过程需要全程记录并归档，确保过程的公开透明。自此，"村民说事"制度在杰下村正式建立起来，并开始在象山全县推广。随着这一制度的发展，"村民说事"制度增设了"村务会商""民事村办""村事民评"等环节，形成了以"说、议、办、评"为核心内容的"村民说事"制度。同时，为丰富议事渠道，杰下村因地、因时制宜地采用"党员联户上门说""面对面现场说""线上智慧说""网格员队伍"等形式，确保人民群众表达渠道的畅通。此外，为弥补村民群众在法律知识层面的欠缺，也将"警民说事""法律顾问进村"纳入"村民说事"制度中。象山县西周镇杰下村的"村民说事"制度逐渐形成了"自治、法治、德治"三治融合的乡村治理样本。2019年6月，中共中央办公厅、国务院办公厅印发《关于加强和改进乡村治理的指导意见》，"村民说事"被写入该指导意见中的"主要任务"部分，在全国推广。[1]

总体而言，"村民说事"制度实现了对农村基层协商民主的系统化再造，"说、议、办、评"四个环节创造了一个完整的闭环。首先，畅

---

[1] 王国勤：《乡村协商民主的系统化再造——以象山"村民说事"为例》，《浙江社会科学》2018年第12期，第29-31页。

通村民群众表达利益诉求的渠道。公众利益诉求的有效表达，是开展协商民主的重要前提。"村民说事"挖掘了丰富多样的意见表达渠道，不仅在固定日子坐下来"集中说"，还主动倾听"上门说"、创新方式"灵活说"，巧妙运用信息网络技术，使村民能通过线上线下结合的方式实现诉求的有效表达。其次，开展多种形式的"议事"活动：日常事务或紧急事务一般由村党支部书记主持召开村务会议商议决定，而大事、要事则一般需召开党员大会、村民代表会议商议。最后，县乡两级还建立社会治理综合服务中心和服务室，统一受理流转交办网络和各渠道上报的各类事件。多类别、多层级的商议机制设计，使广大村民群众参与公共事务决策的需求得到满足。此外，在落实"民事村办"的基础上，通过"评"加强监督。通过把"村民说事"与集体经济、村庄环境、社会稳定、干部廉洁的考评相结合，倒逼"说、议、办"环节真正取得成效。

作为村民表达民意机制和村民自治制度创新的新典范，村民说事模式既保证了广大村民的知情权与参与权，为村民积极参与村庄公共事务的治理提供了有效渠道，也有效地促进了农村社会的稳定与发展。

第一，"村民说事"制度有效激发了广大村民群众的民主潜能。在原有的治理模式下，由于缺乏政治参与机制，广大农民群众的民主意识难以得到有效提升。而在"村民说事"模式下，村民的利益诉求渠道得以疏通，村民通过积极参加"说事会"，不仅在最大限度上使涉及自身利益的问题得以解决，还在不断的民主实践活动中提高自身的民主意识与民主素质。

第二，"村民说事"制度有助于化解农村社会矛盾。通过实行"村民说事"制度，广大农民群众的利益诉求有了畅通的表达渠道，村干部也由此可以对本村存在的问题与矛盾实现进一步的了解，并以此作为切入口，积极解决难点问题、化解矛盾，有力地推动了农村基层地区的稳定发展。

第三,"村民说事"制度有助于规范村干部的工作行为。"村民说事"制度的实行,使村里的公共事务工作变得更加透明化与公开化,村干部通过积极组织召开"说事会",了解与采纳村民群众提出的意见与建议,进一步厘清了工作思路,为规范村干部的工作行为提供了坚实的制度保障。

第四,实施"村民说事"制度的过程,其实本身也是在农村地区推进农民群众政治意识和参与政治的能力的提升的过程。通过实行"村民说事"制度,使国家的相关政策和法律法规被真正融合进村民议事的过程中去,使村民对其有所认知与接受,从而确保国家的政策方针在农村地区的真正贯彻与落实,推动基层民主建设的顺利开展。

(二)天津宝坻区的村级"民主协商议事会"

天津市宝坻区是全国最早开展村务公开的地区之一。该区在实行村民自治的过程中,从村务公开入手,着力推进基层协商民主建设。在关于村级重大事务决策方面,天津市宝坻区形成了"六步决策法",即在召开全体党员和村民代表会征求意见的基础上先形成初步议案,交由村"两委"联席会议讨论通过后将初步意见上报至乡镇党委和政府。之后,乡镇党委和政府对议案进行审查,批复后的意见交由村级民主协商议事会讨论,或由村民代表入户征求意见。最后,经由村民代表会议或全体村民会议讨论表决通过后,在村务公开栏限时公开,并组织实施。

其中,村级"民主协商议事会"是天津市宝坻区较具特色的协商民主形式。2013年6月,天津市宝坻区在全区各街镇开展试点基层协商民主,推广村级"民主协商议事会"。村级"民主协商议事会"的参与主体较为广泛,村"两委"成员、村民代表、本村各级人大代表是议事会的固定参与人员;同时,根据议题的需要鼓励广大村民自愿参与其中。此外,视情况邀请相关部门领导和与协商事务相关的代表。村级

第三章 当代中国农村基层协商民主与乡村治理的创新实践

"民主协商议事会"所涉及的内容十分丰富,包括村级公共事务的方方面面,如乡村发展规划、村民福利待遇等。村级"民主协商议事会"的程序由五个方面组成:一是村"两委"干部提出议题;二是公示会议召开时间、地点、形式、内容等;三是围绕协商议题理智交流、自由辩论、形成共识;四是以协商参与者中的大多数人意见作为本次协商结果,上报上级部门;五是上级部门对协商结果进行研究和批复,协商结果作为决策的基础。❶

为进一步理顺村级"民主协商议事会"的开展流程,天津市宝坻区制定了相关配套制度:在收集人民群众意见方面,村级事务助理和综合服务站及时收集群众的建议和要求,为合理选择民主协商的议题奠定基础;在制度规范方面,宝坻区委着手制定关于村民代表推选、党员联系群众、协商民主监督和问责追责等相关制度,使农村基层协商民主走上科学化、制度化、规范化的轨道。❷

天津市宝坻区推进村级"民主协商议事会"的实践,大大提升了农村基层群众政治参与的热情,在实践层面获得了良好的社会治理成效,真正实现了"让民做主"的价值目标。"民主协商议事会"机制的设置,同样体现出鲜明特征。

首先,天津市宝坻区村级"民主协商议事会"体现出系统化、制度化的鲜明特征。天津市宝坻区为更好地推进农村基层协商民主的发展,不仅明确了村级"民主协商议事会"的各项程序,同时制定了关于村民代表推选、党员联系群众、协商民主监督和问责追责等系列配套制度,严格规范农村基层协商民主的每一个环节,使农村基层协商民主真正做到有章可循。

---

❶ 季丽新:《中国特色农村民主协商治理机制创新的典型案例分析》,《中国行政管理》2016年第11期,第51-57页。

❷ 闫夏、刘晖:《农村基层协商民主的典型探索与实践路径研究》,《学习论坛》2018年第2期,第38-43页。

其次，天津市宝坻区村级"民主协商议事会"真正走进千家万户。为更好地服务人民群众，天津市宝坻区设置了村级事务助理和综合服务站。其中，村级事务助理利用零碎的时间，让村民在自家就参与了村务管理，为村民政治参与提供了极大的便利。村级事务助理的存在是宝坻区民主协商的亮点之一。

天津市宝坻区村级"民主协商议事会"为我国乡村基层政府与农村基层自治的有机互动提供了思路，也为村民更多地参与到村务民主的决策和监督中来提供了新方案。

（三）河南邓州的"4+2"工作法

河南邓州的"4+2"工作法是指在村务管理过程中，所有重大事项都应当在党组织的领导下，按照"四议""两公开"的程序运行。"四议"是指党支部会提议、村"两委"会商议、党员大会审议、村民代表会议或村民会议决议；"两公开"是指决议公开和实施结果公开。"4+2"工作法的决策内容包含农村地区在公共事务管理过程中的重大事项以及与农民群众切身利益密切相关的一切事务。"4+2"工作法的运行分为四个步骤：第一步，在村党支部会议提议前，在村内公开广泛征求党员、干部、村民代表和群众的意见与建议，了解广大农民群众的诉求；第二步，在村"两委"会商议过程中，村党支部成员和村委会成员对提议方案进行表决，形成商议意见，并将意见提交党员大会审议；第三步，由党员大会审议提案；第四步，召开村民代表会议或村民会议做出最终决议。在"4+2"工作法中，参与其中的不仅有党员干部，也有广大农民群众。[1] 事实上，"4+2"工作法蕴含着丰厚的农民基层协商民主的内涵，是农村基层民主决策的一种创新机制，体现了对

---

[1] 市政府办公室：《邓州市农村"4+2"工作法专题》，邓州市人民政府网站，www.dengzhou.gov.cn/cxghj/ghzx/xxcy/webinfo/2012/01/1326730932838192.htm。

农村基层协商民主形式的创新。

邓州首创的"4+2"工作法模式,将党的领导地位、村民自治以及广大农民群众的主体地位有机地结合在一起,是农村治理模式的新创举,是基层民主政治建设的新发展。邓州的"4+2"工作法也为当前我国农村村民自治与协商民主的有机结合提供了一定的经验与启示。

首先,"4+2"工作法的程序设计既充分考虑到了村级党组织在基层民主建设中的领导核心地位,又兼顾到广大农民群众在村民自治中的主体地位,还有效地激发出村干部的工作热情和积极性,这不仅使协商民主方式在村民自治建设中的应用起到了积极作用,还从根本上推动了农村基层民主建设的发展。

其次,"4+2"工作法还特别注重程序设计的流畅性与可操作性,六大环节安排有序、层层相扣,构成了一个较为完整的程序设计体系。通过实施这个程序,既保证了相关决策的科学性与合法性,又使党的政策方针融入其中,开拓了村民自治发展的新思路与新路径。

从"4+2"工作法的成功经验中可以得出,实现村民自治制度与协商民主方式的有机结合是缓解当前村民自治困境的一条切实可行的途径,二者的结合可以有效激发出村民自治的内在民主精神,有效应对当前我国农村地区发生的新变化与新矛盾,使农村基层民主建设呈现出新的发展面貌。

近二十年以来,协商民主促进乡村治理的形式丰富多样,这里列举的典型案例只是其中一部分,供我们管中窥豹。随着各地农村基层协商民主的不断创新与发展,随着农民政治参与的积极性和创造性的提高,还会有更多基层协商治理形式呈现在人们面前。

第四章

当代中国农村基层协商民主与乡村治理互动的实质分析

当代中国农村基层协商民主与乡村治理的变迁,尤其是近二十年各地纷纷涌现出的卓有成效的农村基层协商民主实践,勾勒出了一条社会主义特色鲜明、阶段性特征明显的农村工作道路,成为理解我国农村基层协商民主与乡村治理互动的关键。事实上,当代中国农村基层协商民主与乡村治理的互动始终遵循着一些基本的原则。

一、协商民主是人民当家作主地位在乡村治理过程中的重要实现形式

人民当家作主是社会主义民主政治的本质和核心,"发展社会主义民主政治就是要体现人民意志、保障人民权益、激发人民创造活力,用制度体系保证人民当家作主"。[1] 在农村地区,这必然要求要切实保障

---

[1] 习近平:《决胜全面建成小康社会 夺取新时代中国特色社会主义伟大胜利——在中国共产党第十九次全国代表大会上的报告》,人民出版社,2017年,第36页。

广大农民群众参与民主选举、民主决策、民主管理和民主监督的权利，使人民意志在民主政治的各个环节得到充分体现；必然要求要切实实现广大人民群众依法通过各种形式管理国家事务和公共事务，畅通人民群众当家作主的渠道。

对此，习近平总书记指出："在中国社会主义制度下，有事好商量、众人的事情由众人商量，找到全社会意愿和要求的最大公约数，是人民民主的真谛"❶。这一论述明确将"商量"这一协商民主的实施形式作为实现人民民主的重要途径。在此基础上，党的十九大报告进一步强调，在"健全人民当家作主制度体系，发展社会主义民主政治"的过程中，要"发挥社会主义协商民主重要作用"。❷ 协商民主作为中国特色社会主义民主政治的重要实现形式，充分体现了广大人民群众在民主政治建设进程中的当家作主地位。协商民主的运行机制是协商于民，通过组织多层级、多类别的协商活动，为广大人民群众提供一个平等、理性的商议平台，鼓励人民群众理性表达自身利益诉求，畅通人民群众参与民主政治的渠道；协商民主的最终目标是协商为民，一方面，广大人民群众通过协商民主活动表达诉求，有助于维护自身利益，另一方面，在开展协商民主的过程中对广大人民群众关于公共事务的看法进行采集、提炼和整合，能使公共决策更好地反映人民群众的利益和需求，同时也能使公共决策更具合理性和合法性，从而有效维护人民群众的切身利益。

事实上，坚持人民当家作主的地位也是社会主义民主与资本主义民主的根本区别，是中国特色社会主义协商民主与西方协商民主的根本区别。近年来，西方社会民粹主义加速抬头、各种抗议活动频繁涌现，从

---

❶ 习近平：《在中央政协工作会议暨庆祝中国人民政治协商会议成立70周年大会上的讲话》，人民出版社，2019年，第7页。

❷ 习近平：《决胜全面建成小康社会　夺取新时代中国特色社会主义伟大胜利——在中国共产党第十九次全国代表大会上的报告》，人民出版社，2017年，第37页。

根本上反映了西方国家公共政策往往只代表了少数人的利益，尤其是集中反映了资本的利益需求，较少体现广大人民大众利益的事实，这也凸显了西方政治体制所面临的合法性危机。尽管为了应对选举民主的不足，西方社会较早地提出了协商民主的理论，但协商民主的实践在西方社会未得到普遍的重视和应用，目前仍处于理论化的研究和试验阶段。同时，虽然西方协商民主旨在提升公民政治参与，但其归根结底只是一种资本主义社会下的新的权力博弈方式。而中国特色社会主义协商民主则不同，它的最终目的是真正实现人民当家作主。协商民主是我国社会主义民主政治的特有形式和独特优势。在我国，与以投票为基本形式、选举间存在间隔期的选举民主相比，以对话、讨论和商议为主要形式的协商民主为广大人民群众更好地参与公共事务提供了平台，帮助民众更有效地表达自身利益诉求，从而真正实现自身的民主政治权利。正是由于人民群众的广泛参与，协商民主形式以及由此产生的决策具有较强的合理性与合法性。习近平总书记指出："人民只有投票的权利而没有广泛参与的权利，人民只有在投票时被唤醒、投票后就进入休眠期，这样的民主是形式主义的。"[1] 因此，将协商民主纳入国家民主制度设计，是确保人民当家作主权利的必然要求。

首先，协商民主使公共决策获得了合法性。在中华民族五千年历史长河中，人民对于政治合法性的理解往往与是否神授、天命或正统继承相关联。近代以来，在代议制民主中，政治合法性的来源往往取决于是否获得人民群众的同意和支持，其主要表现形式是民主选举。然而，民主选举虽然保证了代表的选举、权力的行使和国家大政方针的制定具有合法性，却并不能保证在选举以及代表提案等环节之后，在政策的具体细化实施以及具体的公共事务管理的过程中具有合法性，也就是说选举之后的各环节是否真正符合公共利益和人民意愿无法得到保证。这一问

---

[1]《十八大以来重要文献选编》（中），中央文献出版社，2016年，第74页。

题在我国基层社会较为突出。尽管在我国农村社会，为了切实实现人民当家作主，规定了人民群众享有民主选举、民主决策、民主管理、民主监督的民主权利，但是在具体实施过程中，往往更加侧重于民主选举的实现，民主决策、民主管理和民主监督缺乏参与的畅通渠道，民主选举之后的民主参与未能得到有效落实。在此背景下，协商民主应运而生。我国协商民主把民主制度机制的合法性的侧重点从选举代理人转移到制定公共政策上，不仅与民主选举相互衔接与呼应，共同构建了较为完善的人民民主程序，也在一定程度上确保公共政策更能反映真实的民意。也即是说，通过协商民主可以落实公共政策的合法性，因为经由协商民主程序制定的决策是经过人民群众充分审议、讨论，并由人民群众的意愿所具体决定的。协商民主为公民直接参与公共事务、表达利益诉求提供了畅通渠道。这不仅使人民当家作主地位得到了充分体现，也使公共政策的制定更能体现人民群众的根本利益。

最后，协商民主使公共决策获得了合理性。事实上，协商民主在促进政策的合理性方面也具有极大的优势。代议制民主虽然本质上是选民偏好的聚合，但是由于选民在参与选举的过程中，通常是以对个人利益或所处的利益集团的利益的追求为前提的，这使得选民在进行投票时可能仅仅只关注了个人眼前利益或局部利益，这些利益可能存在与公共利益相冲突的情况，从而缺乏相应的科学性与合理性。而协商民主强调协商过程中利益的协调与整合，希望通过公开的协商活动，一方面鼓励公民为自己的主张提供符合公共利益的理由；另一方面，希望在商量、讨论和辩论过程中，参与者之间能够宽容地倾听彼此的理由，站在公共利益与个人利益相协调的立场上反思或者改变自己的主张。由于协商过程是理性的，因此也有助于参与者在协商过程中，在反复地论证、辩论过程中更加全面地、辩证地思考问题，从而超越纯粹私利的考虑，更加关注公共利益的实现，通过协商形成更加科学的、符合公共利益的决策。

当前，我国建成了全方位、多层次、立体化的协商体系：从协商类别看，包含政党协商、人大协商、政府协商、政协协商、人民团体协商、基层协商以及社会组织协商等多种形式；从内容看，涵盖了国家政治生活和社会生活的方方面面，从党和国家的重大事务、法律法规的制定关乎人民群众切身利益的现实问题，均可以通过协商的形式展开对话、讨论和协商；从层级看，协商民主从中央到基层的各个层级均有体现，多个层级的协商形式相互衔接，建构起一套生机勃勃的协商体系。协商民主是一种较复杂的民主形式，它不仅要体现在社会生活的各个领域和层面，同时由于公共事务本身涉及内容比较繁杂，因此具体的协商方式也是多种多样的。这一点在基层社会更加明显，由于受众群体不同，如浙江温岭采取了政府决策协商、财政预算协商、党内民主恳谈、政协议政协商、工资集体协商、村务社区事务协商和社会对话协商的多种协商方式。因此，必须不断提升我国各类型协商民主的制度化、规范化水平，将协商民主形式有机融入社会治理的制度设计中，在实现善治的同时切实维护人民群众的根本利益，充分彰显人民当家作主的社会主义民主本质。

在我国农村地区，人民民主选举、民主决策、民主管理以及民主监督的权利有其独特的实现机制。农村村民基层自治通过民主选举选出村委会干部，其主要承担农村社会日常管理职能，并通过组织村民大会实现民主决策。作为我国人民民主的重要形式的农村基层协商民主制度，则通过农村多元主体的平等、理性的协商，有效推进民主决策、民主监督与民主管理的实现。"三年一度"[1]的村委会"大选"显然不能满足村民政治参与的全部需要。而常态化、制度化协商议事、权益协调、献计献策、监督参与则是更普遍的形式。农村基层协商民主是人民当家作

---

[1]《中华人民共和国村民委员会组织法》规定村民委员会每届任期三年。党的十九大党章修正案规定："党的基层委员会、总支部委员会、支部委员会每届任期三年至五年。"2018年7月中共中央办公厅印发的《关于党的基层组织任期的意见》规定：村委会每届任期为五年。

主地位在乡村治理过程中的重要实现渠道。民主政治发展的程度如何，不仅要看人民群众在社会选举时是否参与投票的权利，也要看人民群众是否能持续地、有效地、平等地参与政治生活；还要看人民是否有参与民主决策、民主管理以及民主监督，全方位实现人民民主的权利。

农村基层协商民主保障人民当家作主地位的功能主要体现如下。

第一，多元利益主体参与公共决策的过程，能更好地有效代表农村村民群众的真实利益诉求。社会阶层分化与多元文化的社会现实意味着人们的利益诉求、价值观念存在着普遍而深刻的矛盾与分歧。在此背景下，只有达成公共理性，才能最大限度地实现公共利益。在康德看来，理性的"裁决始终纯是自由公民的同意，而每一个公民必须能够毫无障碍地发表他的反对意见或者乃至表示其否决权"[1]。因此，治理多元利益交织的复杂社会必须建构起卓有成效的协商对话机制，从而最大限度地在多元化背景下寻求共识、达成科学决策。

当前，由于有些村干部独断专行、村民代表制度在实践中未完全落到实处等原因，我国部分农村存在着民主决策难题，引发了农民对基层政府、村干部、农村事务管理以及农村政策等的不满，导致乡村治理和决策执行成本的增加。事实上，在当前我国农村的民主政治实践中，农民参与民主决策所面临的最大困境就是缺乏相应的参与渠道。由于未能建立起符合农民政治参与需求的经常性的参与渠道，因此作为农村生产与生活的当事人，广大农民群众未能通过畅通的渠道发表和表达一些对于公共决策最有实质性作用的建议和意见。而农村基层协商民主强调农村公共政策必须通过民众广泛参与对话与讨论的途径制定出来。在这一过程中，参与主体即所有村民参与协商的机会和权利都是平等的。农民可以自由表达自己的意见、听取他人的意见，并在充分考虑了所有村民的利益诉求后，通过讨论和对话等方式选取出"最具说服力"的提案，

---

[1] 康德：《纯粹理性批判》，韦卓民译，武汉大学出版社，2000年，第627页。

使之成为最终决策。正是因为充分考虑了广大村民的多元利益诉求,因此通过农村基层协商民主程序制定出来的决策能够获得更多人的认同,在执行时也会更加顺畅。农村基层协商民主通过为农民广泛参与事关自身利益的决策提供渠道和途径,从而有效保证了决策的公正性、合理性。

第二,围绕民众关切的议题展开协商,有助于更好地解决农民群众的现实需要。在农村基层协商民主开展的过程中,协商议题主要选取人民群众关心、关切的问题来展开,在党委和政府的引导下,人民群众主动提出议题,以解决自身利益的困境。事实上,在日常生产与生活中面临着哪些亟待解决的问题,农民群众是最前线的当事人,因此对这些事务也最有发言权。"在做出具有约束力的决策的过程中,公民们应该有充分且平等的机会来表达他们关于最终结果的各种偏好。他们必须具有充分且平等的机会,以便设置议题,表达赞成其中一个结果而不是另一个结果的各种理由。"[1] 农村基层协商民主正是为广大农民群众搭建了一个村里大小事务商议的平台,帮助大家在协调处理村内难题、矛盾的过程中达成理解与信任,并最终实现公共利益。

总体而言,为更好地实现人民当家作主,协商民主必须打破只有冷冰冰的规定而没有鲜活民主实践的困境,真正发展成为广泛开展、形式多样和切实有效的民主实践。协商民主的发展对于农村基层民主政治建设具有重要意义。

第一,农村基层协商民主有助于农民政治素质的提升。开展农村基层协商民主的过程也是农民民主意识、法律观念、政治知识、参政能力等政治素质提升的过程。农民政治素质的提升,也为其更好地行使政治权利、实现人民当家作主奠定了坚实的基础。

---

[1] 罗伯特·A.达尔:《民主及其批评者》,曹海军、佟德志译,吉林人民出版社,2006年,第143页。

首先，农村基层协商民主鼓励农村多元主体平等、理性地参与协商过程。村民可以通过参加诸如财务听证会、公益事业建设会、乡村治理民主会、劳务筹资恳谈会、民主日等协商讨论会，对村中公共事务和农村基层的政治生活建言献策。在参与民主的过程中，农民群众也不断受到平等、公正、开放、团结等民主价值观念的熏陶。对具有较强保守观念的中国农民来说，将不断产生对"民主政治"的新认知，开始逐步意识到民主的本质及意义、认识到自身的当家作主地位，从而不断提升政治意识和权益意识。

其次，在农村基层协商民主开展的过程中，农村主体充分参与协商讨论，这将使参与者的理性意识得以有效发挥，有助于参与者在讨论的过程中增长见识、拓宽视野并纠正以往的狭隘观点，形成对公共事务的正确评判标准，帮助参与者提高思考问题的能力，提升其在生产与生活中化解矛盾纠纷的素质和能力。事实上，协商民主活动有助于广大农民群众培育尊重、团结、友善和合作的素质，并能够有效启发农民群众的政治意识。

再次，农村基层协商民主还有助于提升农民的政治效能感。在协商民主过程中，农民所表达的意见得到倾听与关注，甚至意见被采纳都是对农民政治参与信心的鼓舞。在政治参与过程中收获了成就感的中国农民，反过来又更加乐于参与民主政治生活，在民主实践中切实发挥自身当家作主的主体作用。

最后，协商民主也可以尽可能地避免农民非制度化的参与行为。当前我国农村基层民主面临着缺乏农民政治参与的制度机制保障和农民自身民主素养偏低等困境，较易引发农民上访、群体性事件、抗拒等非制度化政治参与行为，是乡村社会秩序的不安定因素。而农村基层协商民主通过民主议事评议会、民主理财会等形式，有助于公开透明地解决利益纠纷，从而使村民权益和利益得到最大限度的保护，由此能在一定程度上弱化种种非制度化参与行为。

总而言之，参与农村基层协商民主的过程也是广大农民群众不断提升自我的过程，他们在协商实践中增进对民主程序的了解，培育平等与公正等政治素质，不断提升政治参与能力，培养有序政治参与的习惯。因此，农村基层协商民主的教育作用是不容忽视的。

第二，农村基层协商民主的实施有助于推进和完善基层民主建设。农村协商民主作为一种理性、平等的政治参与模式，它是一种长期的参与性的政治，它通过协商、讨论、建议等方式，与基层民主选举互为补充，共同构成我国农村民主政治建设的重要组成部分。多年来，我国农村社会实行的村民自治制度在乡村治理过程中发挥了重要作用。但近年来随着农村经济社会的发展与变迁，也逐渐暴露出一些新问题：尽管村民自治所应包含"四大民主"，在很大程度上仅是围绕"民主选举"单兵推进，在乡村选举之后的民主决策、民主管理、民主监督环节却缺少相应的重视和关注。然而，民主选举却不能完全满足人民群众的政治参与需要。一是民主选举的结果不能完全满足农民群众政治参与的需要。在选举过程中，由于宣传动员不足，广大农民群众对选举对象的情况及工作规划并不一定十分了解，加上当前乡村普遍存在大量人口在外务工的现象，一些农民工由于常年在外对村里的各项情况不够熟悉，村民们即使参与了选举，但选举结果未必能真正满足农村社会发展的需要。二是农民群众的政治参与需求得不到满足。民主选举往往几年一次，农民缺乏持续的政治参与。同时，农村生活的方方面面并不是通过参与选举就能全部得到较好的解决，民主管理、民主决策和民主监督是广大农民群众不可或缺的民主权利。在此背景下，广大农民群众尤其是在外务工人员更是常年缺乏民主政治参与，这极大地局限了基层民主建设的发展。三是有的自然村人口数量较多，且村民居住较为分散，加之可能存在的交通不便，导致村民参与选举的成本较高，这些客观原因也导致部分村民政治参与热情不高。四是对选举过程缺乏监督，容易滋生腐败、不公等问题。由于对民主选举的过程缺乏监督机制，非法选举和暗箱操作等现象偶有发生，这些问题的存在极大地损害了农民群众政治参与的积极性，成为农村社会矛盾与冲突的重要导火索，进而导致基层政府维稳压力加大，乡村治理面临新挑战。

实践中的需求是推动制度变革和理论进步的动力源泉。为满足广大农村群众参与公共事务管理的强烈愿望，同时也为应对村民自治过程中存在的种种难题和挑战，协商民主应运而生。协商民主为广大农民群众提供了参与公共事务管理、决策和监督的渠道，不仅能有效实现人民当家作主所应拥有的各项民主权利，也能为乡村建设提供民智、反映民意，有助于乡村建设的合理、科学发展。事实上，农村基层协商民主为乡村治理的发展提供了新思路和新渠道。

总的来说，我国的社会主义协商民主丰富了基层民主的形式、拓展了民众参与民主的渠道、提升了社会主义民主政治的内涵，是农村地区实现人民当家作主的重要形式。

二、经济体制的演进是二者关系变化的根本原因

马克思主义认为，经济基础决定上层建筑，经济基础的变化与经济水平的发展，必然从客观上形成推动政治发展的需求和动力。中华人民共和国成立七十余年来，我国农村基层协商民主的制度设计始终紧密围绕不同时期经济体制的演变而发生变化。

中华人民共和国成立初期，我国社会经济成分依旧十分复杂。为在推进土地改革和社会主义改造的过程中充分保障农民群众的权益，团结广大农民群众，这一时期普遍成立了农民协会这一群众组织，它承担了部分协商议事的职能。随后，伴随着人民公社制度和计划经济体制的确立，农民群众利益分化日趋减少，群众的利益指向日趋同一化。该时期出现的人民公社内的社员议事制度主要目的是广泛征求农村群众对党的重大决策和方针的意见与建议，并主要强调该类制度的民主价值旨归。

改革开放后,我国农村基层协商民主得到了飞跃式的发展,这与市场经济发展及对外开放的推进密切相关。随着社会主义市场经济的发展与城镇化进程的推进,一方面,多元利益主体产生,农村社会出现了一批农民企业家、农产品商贩、乡村企业工人等与市场经济息息相关的职业群体。城镇化、工业化的发展促使许多农村青壮年劳动力涌入城镇,知识分子也纷纷到城市谋求更好的发展。与此同时,农村社会的土地资源、自然资源等的交换价值不断提升,围绕资源分配与争夺,农村社会利益纠纷日益白热化。另一方面,随着对外开放的逐步推进,我国农村社会的自由、平等、民主等思想也受到了启发,人们对于自觉参与乡村公共事务的思想认识不断提升。在此背景下,现代化意义上的协商民主在农村不断成长起来,它通过协商的方式削弱不同利益的对抗性,寻求各方利益主体的共同利益,达到推进人民民主和实现社会和谐稳定的目的。党的十八大以来,随着"社会治理"概念的提出,政府权能与民主政治间的互动愈发平衡,农村基层协商民主更加注重资源共享、协调互动、民主活力的形成,创新形式的协商民主载体不断出现,协商民主在乡村治理的过程中日益发挥着重要作用。

经济上的变化之所以能引起民主政治实现形式的变化,主要原因在于以下几个方面。

一是经济的发展变化引起了社会结构的变化。经济结构是社会其他结构包括阶级阶层结构产生和形成的基础。改革开放以前,我国所有制结构存在着单一国有化的趋势,各类群体之间的利益分歧不明显。改革开放后,家庭联产承包责任制的推行充分调动了农民群众生产的积极性,劳动生产率和收入差距的日益凸显,使农村社会逐渐开始出现分化。随着以公有制为主体、多种所有制经济共同发展的基本经济制度的确立,个体经济、私营经济以及"三资"企业等非公有制经济迅速发展,不断涌入农村社会,一部分农民成为个体户、私营企业主、工人等,农村社会原有的单一的阶层结构逐渐瓦解。加之,我国社会工业化和城镇化的飞速发展,许多生长在农村的青壮年劳动力纷纷涌入城市,农村社会出现了"空心化"现象,而利益多元化带来的直接影响是各利益主体对政治的诉求也呈现出多元化趋势。

首先,社会群体的结构不断在重构。改革开放以前,在高度集中的计划经济体制下,我国社会群体呈现出扁平化的状态,工人、农民、干部和知识分子是四大主要的社会群体。而国家统一规定、统一供给的利益来源方式,也使得广大人民群众之间由于利益关系而产生的矛盾和冲突较少。国家的权威也使广大人民群众对公共决策普遍采取较为赞同或者顺从的态度。然而,随着改革开放的深入和社会主义市场经济的不断发展,社会成员的利益分化尤其是经济利益的分化愈加凸显,一些新的利益群体不断涌现:如随着社会主义市场经济的发展,私人企业主群体、"打工人"群体等不断壮大;随着城镇化和工业化水平的提高,农民工群体成为社会群体结构的重要组成部分。此外,还有一些群体如"三失"群体、小生意群体、农村地区留守群体等新群体出现。这些新利益群体在占有社会资源上的差距,又形成了强势群体与弱势群体的差距。社会群体的分化,使得原有的"自上而下"的管理模式不再适应。由于不同的社会群体必然有着不同的利益诉求,在治理过程中协调与整合多元主体的利益成为当前的重要课题。

其次,在家庭、人口方面,变化也十分显著。人口流动的加剧、价值观念的变化等因素,使得家庭形态也相应发生了一定变化:流动家庭、留守家庭、单亲家庭的数量不断增长。同时,由于计划生育、婚姻家庭观念变化等原因,当前我国离婚率不断上升,青壮年的生育欲望不断降低,由此导致高龄老人迅速增多,年轻劳动力逐渐减少,这无疑也对公共服务的供给提出了新的要求。具体到农村地区,大量青年人口流入城市,农村社会出现了空心化、老龄化现象。如何满足留守老人的诉求,成为当前乡村治理过程中的新课题。大量农村人口进城务工还对农村地区交往方式产生了影响。传统中国乡村是"安土重迁的,生于斯、长于斯、死于斯的"乡土社会,邻里、家庭、家族和宗族关系构成了社会关系的主要内容,地缘和血缘关系为其提供了坚强纽带。于是,在传统中国乡村社会中,"人情""惯例""伦理道德"等成为乡村交往方式的重要依据,乡村治理主要以村庄内有名望的宗族、乡绅等为主导。然而,农村人口的外迁,打破了原有的由地缘和血缘织就的乡村社会秩序,乡村宗族逐渐分崩离析,乡村精英治理群体开始缺位。受到市场经济的影响,"利益"等因素成为影响乡村秩序的重要因素。在此背景下,如何建构一个崭新的适合我国乡土人情的治理秩序成为重要现实课题。

最后,人们的社会行为方式也随着经济体制的变迁发生了巨大变化。社会主义市场经济体制的建立,市场竞争、互利互惠等价值观成为我国社会行为的重要准则。在价值衡量标准上,除了集体利益外,个人利益也成为重要价值取向。同时,由于在市场经济活动中,人们开始意识到政治权利和权力的重要性,人民群众的政治参与需求不断提升。在市场经济影响下产生的合作共赢、互惠互利、化敌为友等价值观也促使人民积极探索协调、合作的渠道。与此同时,当前风俗、习惯、礼仪等仍然是社会行动的重要调节机制。如何使社会秩序规则体系中的柔性与刚性能够兼容并济,是在社会治理的过程中有待破解的难题。

总的来说,在社会结构变迁的背景下,多元利益主体不断涌现。不同的利益诉求的出现,必然要求利益实现方式做出相适应的改变。因此,在提升治理能力的同时,创新民主政治实现形式成为现实需要。

二是随着生活水平、教育水平不断提高,广大人民群众的民主政治意识也不断提升。经济水平和经济结构的变化,带来的不仅是人们生活方式的变化,也对广大人民群众的思想意识产生了重要影响。随着对外开放的逐步推进,我国社会的自由、平等、民主等思想也受到了启发,广大人民群众对政治合法性、民主程序的科学性等有了新的认知标准。

在中国共产党的领导下，他们开始摆脱中国封建文化自古以来的"保守""服从"等旧思想，开始思考人民当家作主的实现方式，更加积极地参与到民主政治生活中。

同时，随着广大人民群众生活水平的提升，人民群众开始对政治生活给予了更多关注。以往许多农民群众对于政治参与持有保守的态度，认为一切听从"领导"安排，甚至认为过好自己的小日子就足够了，政治生活与自己无关，往往缺乏政治参与热情。随着人民群众生活水平的不断提升，尤其是社会教育水平的不断提升，人民群众对自身主人翁地位有了新的认识，民主政治意识不断提升，政治参与积极性与参与能力不断提高。摆脱了贫穷落后的中国农民，不再像以往那样对衣食住行满怀担忧，他们开始有足够的精力，去参与政治生活与文化生活。他们开始逐步认识到，美好生活的实现离不开科学的公共政策、离不开有效的执政管理，政治权利、权力与人民群众的日常生活密切相关。为了维护自身切身利益，必须确保公共政策科学、合理，必须加强对权力的监督，进而确保人民民主的切实实现。因此，有效畅通人民群众政治参与的渠道成为必然要求。

此外，在农村民主政治过程中的各项活动，如选举、提议、协商、监督等都离不开一定文化水平的支持。一定的知识文化水平的积累，有助于政治参与者更好地理解民主政治的程序、民主政治的目标以及民主政治的内涵，有助于政治参与者更加理性地参与到政治进程中。因此，教育水平的普遍提升为广大农民群众更好地参与民主政治奠定了坚实的基础。与此同时，教育的过程也是消除传统固有保守观念的过程，也是培育民主政治理想的过程。随着教育水平的提升，广大农民群众政治意识不断增强，对民主政治的发展也提出了新的要求。

总而言之，经济发展与经济体制的变化对社会的影响是方方面面的。随着社会各个方面的发展，人民群众的需求也不断发生变化，这也对民主政治的建设提出了新要求。

三、实现乡村有效治理是农村基层协商民主的目标追求

在乡村治理过程中融入协商民主形式,由此扩大人民有序政治参与、鼓励人民群众参与公共决策,是提升乡村治理能力和治理水平的必然举措。2015年,中共中央印发的《关于加强社会主义协商民主建设的意见》指出,要"建立健全基层协商民主建设协调联动机制,稳步开展基层协商,更好解决人民群众的实际困难和问题,及时化解矛盾纠纷,促进社会和谐稳定"❶,明确阐释了基层协商民主在社会治理中的重要作用。农村基层协商民主不是单纯地为了协商而协商,除了推进社会主义民主政治建设的重要功能外,它也有着提升乡村治理水平的重要功能,主要体现在以下几个方面。

首先,农村基层协商民主是整合农村不同群体意见的平台。

农村是一个庞大的生活共同体。在这个共同体中,存在着不同经济来源、社会职业、年龄阶段和文化程度的人群。不同的群体,往往基于不同的利益立场出发考虑问题,因此对于同一问题可能持有不同的看法。同时,在农村生活的过程中,存在或可能出现各种各样的问题,如围绕村路铺设、垃圾处理、生态环保、社会公益、乡村教育等乡村事务,可能产生不同的看法。而对于这些乡村日常事务的不同看法,都有可能滋生出矛盾与争端。

在开展农村基层协商民主的过程中,农村各利益主体就乡村治理过程中存在的问题、难题展开讨论与商议,就公共议题理性地交换彼此的意见。在此意义上,农村基层协商民主在乡村治理过程中的运用有助于缓和农村社会的矛盾与冲突。协商的性质是平和的而不是激进的。以往在面对乡村社会中的矛盾与冲突之时,由于缺乏平等、理性地坐下来商

---

❶ 《关于加强社会主义协商民主建设的意见》,人民出版社,2015年,第13页。

议的渠道，加之民主政治意识匮乏，一些农民群众会诉诸非理性的暴力手段，希望通过暴力威胁遏制某一方面主体的利益诉求，打架、斗殴时有发生，有些农民则走上了上访的道路。而农村基层协商民主普遍采取理性的协商机制，当农村社会多元利益主体出现利益冲突之时，通过协商手段，有助于在双方陈述理由的基础上，增进对彼此之间想法的理解。在理性协商过程中，多元主体在利益博弈的过程中，在反复衡量的过程中，总是会倾向于在实现公共利益的基础上最大限度地实现个人利益。因此，协商民主是具有突出的包容性特征的。它能有效整合农村不同群体的意见，有助于消除分歧、达成共识。在此意义上，农村基层协商民主的开展有助于缓和农村社会的矛盾与冲突，维持农村社会秩序的稳定。和谐、有序的社会环境是乡村治理健康推进的重要前提，也是乡村治理的重要内容。农村基层协商民主不仅为农村民主政治的发展提供了重要平台，也是营造和谐乡村社会环境的重要举措。从这个角度来看，农村基层协商民主是有效推进乡村治理的重要举措，它有助于在乡村治理过程中协调各利益主体的冲突，在一定程度上维护乡村社会的有序发展。

其次，农村基层协商民主主要围绕着农村社会现实难题、重大决策而开展，其协商结果有助于实现乡村社会管理与决策的科学性。

尽管当前我国农村社会村民自治正在如火如荼地有序推进，但不可否认的是，当前的村民自治过程中仍存在一些问题：民主选举得到了广泛开展，然而民主决策、民主管理、民主监督却未能得到有效推进或流于形式。民主决策、民主管理和民主监督都是乡村社会治理的重要内容，是实现人民当家作主的必然要求，缺乏必要的民主决策、民主管理、民主监督程序，容易导致民主选举之后的各项公共事务管理与决策偏离民主轨道，从而滋生出独断专权、腐败和违背人民群众真实需求等问题。因此，必须为乡村民主政治的开展搭建好平台，确保广大农民群众的各项民主权利均能得到有效实现。

农村基层协商民主在乡村治理过程中尤其是在基层民主政治建设的过程中发挥着不可替代的重要作用。在开展农村基层协商民主的过程中，多元利益主体通过广泛协商，就乡村社会公共问题进行商讨、辩论，参与民主管理与决策；同时协商不仅存在于公共决策产生的过程中，也存在于决策实施的具体过程中，协商主体对乡村社会公共事务进行协商，也有助于监督公共事务的执行。事实上，协商民主在民主政治进程中发挥着重要的"柔性"监督功能，与党内监督、司法监督、行政监督等"刚性"的监督相配合，有助于实现彼此之间的优势互补。

农村基层协商民主是保障乡村社会管理与决策的科学性的重要举措。广大农民群众是农村社会生活的主体，是农村社会生产与生活的亲历者，因此，在乡村生活中面临什么难题、如何管理与决策才能最大限度地满足人民群众的真实需求，广大农民群众是当事人，也是最有发言权的人。农村基层协商民主在农村各类主体中开展，使得农村基层协商民主在乡村治理过程中获得了几大优势：一是有助于针对乡村社会的现实难题提出议题。在确定协商议题之时，农村各类主体提出与自己的日常工作与生活息息相关的、待商议和解决的难题。这些问题往往是广大农民群众在实际生活中最关心、关注的。二是在协商过程中，广大农民群众提出对乡村治理的意见与建议。在乡村治理的过程中，广大农民群众对于各类公共事务的具体施行，可能存在一些怀疑或不理解。他们通过在协商的过程中反映意见与建议，有助于及时改进乡村治理措施，提高乡村治理水平。三是在协商的过程中，农村各类主体纷纷站在自己的利益立场就公共事务提出自己的看法。尽管因为基于不同的利益立场出发，这些看法可能并不尽相同，但协商的特点之一就是协商主体们需要在协商过程中说服他人认同自己的观点。也就是说，各协商主体需要在理性协商的过程中，讲观点、讲理由，使各参与主体达成一致，从而形成最终决策。说服的过程事实上也是论证决策的科学性的过程，是整合多元利益的过程。因此，通过协商手段制定的决策是更具科学性和合理性的决策。四是广大农民群众因为亲身参与到了协商民主的讨论过程中，对于形成决策的内容更容易理解，因此有利于政策后期的推行与实施，实现乡村民主政治的实践效能的有效提升。因此，农村基层协商民主的运用，有助于乡村治理工作的科学、有序推进。

此外，农村基层协商民主作为一种公共政治参与的模式，还有利于培育农民的民主、平等的政治意识，这将鼓励更多农村群众积极参与到乡村治理中，形成合力，共同推进乡村有效治理的实现。在开展农村基层协商民主的整体过程中，从协商议题的提出到商讨、辩论再到产生科学决策，都蕴含着深厚的民主内涵。在参与的过程中，有助于帮助广大农民群众不断摒弃以往不理性地参与乡村事务的方式，重新树立正确的民主价值观念，主要体现在以下几方面。

第一，有助于促进广大人民群众对政治的反思，提升对现实政治的要求与期待。在参与协商民主活动的过程中，有助于帮助广大农民群众更加深刻地认识到：公民的政治参与是实现公民政治权利的基本途径，也是公民的义务，是实现广大人民当家作主的必然要求；定期参与投票选举并不是民主政治的全貌，参与民主管理、民主决策与民主监督同样具有重要意义，是保障广大农民群众切身利益的重要环节；公民的有效政治参与可以防止公共权力的滥用，从而有效规范村干部的日常管理行为；公民的政治参与也可以使公共决策更具合理性、科学性和合法性；公民的政治参与有助于和谐、有序的社会秩序的构建，通过协商活动，彼此之间的矛盾和冲突得到了消化和解决，实现了利益的整合，有效减少了非制度化的行为的发生；公民的政治参与本身就是公民的责任。然而，公民的政治参与并不是理想化的，公民的政治参与受到性格品质、教育水平等的影响，也与所处的政治环境密切相关。基于以上原因，公民逐渐开始对民主政治实现形式提出更高要求，开始对政治参与表现出更浓厚的兴趣。而协商民主本身正是为公民更高程度的政治参与提供了平台，帮助公民更加畅通地参与到民主决策、民主管理与民主监督的过程中。

第二，增进对民主价值的认知。在参与农村基层协商民主的过程中，广大农村群众通过参与其中，立足自身利益立场，就公共议题提出看法、意见与建议，并使自己的认知在决策中得到体现，从而感受到政治参与的重要意义：公民的政治权利并不仅仅局限于选举，人民当家作主无处不在得到体现；合理运用自身的政治权利，有助于增进公共决策的合理性与合法性，在实现公共利益的基础上有效实现自身利益；当个人看法得到参与者们的普遍认可，并最终成为公共决策的重要基础时，将会收获丰厚的政治效能感；通过参与协商民主过程，也有助于增进对公共决策的理解。总的来说，有助于在参与农村基层协商民主的过程中更加深入地认识民主的本质和价值。

第三，能够更加理性地对民主现象进行评价和理解。首先，增进对民主政治重要性的理解。以往，对于比较保守的农民而言，丰富多样的民主政治形式只是一些与自己无关的"花架子"，他们往往对政治生活充耳不闻，对政治参与表现出冷漠的态度。而协商民主的有效实施以及协商成果的最终实现，使农民看到了政治生活的重要作用，开始对参与政治生活表现出更高的积极性。其次，在对民主现象进行评价时，开始从公共利益的角度出发评价公共政策，而不仅仅基于个人利益的角度对公共政策作出肯定或者否定的评价；开始更加侧重从长远、全局的角度考虑公共政策的合理性，而不是局限于当前利益。总体而言，协商民主的实施使广大人民群众对公共政策的评价呈现出更加理性的特征。

第四，增进对民主权利的认识、掌握和运用的了解。在参与农村基层协商民主的过程中，广大农民群众开始更加深入、更加全面地参与到政治生活中，行使除民主选举之外的各项民主权利，不断增进对各项民主权利的性质的认识，逐步增进对民主权利运用程序的了解。同时，广大人民群众在不断提升民主权利意识的过程中,对于自身的主人翁地位,对于自身在国家政治生活中应当发挥什么样的作用有了更加明确的认识。因此,协商民主是推动人民民主有效实现的重要方式,是实现人民当家作主的重要渠道。

第五章

新时代农村基层协商民主与乡村治理创新的主要特色

与西方协商民主是为弥补选举民主的缺陷而提出的不同,我国农村基层协商民主是立足于我国农村社会经济、文化和社会条件,在我国现有农村基层政治制度框架内展开的,其目的是进一步拓宽农村社会多元利益主体的政治参与渠道、解决农村社会存在的矛盾与冲突、制定出科学合理的公共决策。事实上,通过分析我国农村基层协商民主的典型案例,我们可以发现这些丰富多彩的基层协商民主与乡村治理实践有很多共同的特性,体现了鲜明的中国特色。

一、基层党组织在乡村协商治理中发挥主导作用

在中国经济社会飞速发展和社会结构不断发生转变的过程中,协商民主为尽可能合理地解决我国基层社会所面临的问题与挑战提供了一种有价值的参考与选择。然而,协商民主作为一种外来的理论,只有立足我国基本国情,实现与我国具体实际的合理结合,才能有效地发挥其功

第五章 新时代农村基层协商民主与乡村治理创新的主要特色

能与作用。"中国最大的国情就是中国共产党的领导。❶""中国共产党领导是中国特色社会主义最本质的特征,是中国特色社会主义制度的最大优势。"❷ 在我国国家治理体系中,党中央是坐镇中军帐的"帅",而党的基层组织作为坚强战斗堡垒,作为基层社会的领导力量,是基层治理的有力引领者、指导者和保障者。

(一) 中国共产党的领导是当前实现乡村善治必不可少的重要条件

在中国基层社会开展协商民主是克服治理困境的时代呼唤。随着经济社会的快速发展和社会结构的不断转变,农村改革和发展中出现了由于群众切身利益得不到合理满足而滋生的种种矛盾和问题,传统的管理体制已经无法有效应对,从而引发了对社会管理创新的倒逼机制。为了有效摆脱乡村治理困境,农村基层协商民主被引入我国乡村治理实践,并不断得到培育和发展。在此过程中,基层党组织发挥着重要作用:基层党组织倡议和推动协商民主治理机制创新,担任协商召集者和组织者,在征求群众意见的基础上确定协商议题,组织前期调查研究,并在协商过程中遏制农村宗族和黑恶势力对民主协商的破坏,协调各方利益,推动达成共识。在具体的协商民主实践中,由于存在着许多复杂因素,这也使得中国农村基层协商民主的开展必须依靠中国共产党的强大组织力来推进。一般来说,农村协商治理的有效性取决于以下因素。

第一,机制设计要充分考虑农村各种问题和矛盾的复杂性。随着改革开放的深入推进和社会主义市场经济体制的逐步完善,我国农村社会在快速发展的同时,也滋生了许多新的问题和矛盾。这些困难和挑战给乡村社会治理带来了新的难题。如何有效缓和乡村社会不断涌现的矛盾和冲突,成为我国创新乡村治理形式、丰富基层民主政治形式的首要

---

❶ 习近平总书记2014年5月9日在参加河南省兰考县委常委班子专题民主生活会时的讲话。

❷ 习近平:《在庆祝改革开放40周年大会上的讲话》,人民出版社,2018年,第22页。

诉求。

一是农村群体结构不断调整与稳定乡村社会秩序之间的矛盾。随着社会主义市场经济的发展与城镇化、工业化的推进,农村社会原有的以"人情""惯例""伦理道德"等为重要交往原则,以宗族长老、乡村治理精英和乡贤等为治理主体的有序治理格局被打破。与此同时,随着大量农村人口的外迁,尤其是青壮年劳动力大量涌入城市,农村社会出现了严重的"空心化"现象。相伴而生的是,乡村宗族逐渐分崩离析,原有的以血缘、地缘为纽带的乡村社会秩序逐渐失灵;乡村治理精英等人士的迁移,使得农村社会治理主体缺位;农村中老人、妇女与儿童的人数占比不断增高,如何做好相应的社会保障工作成为新的难题;由于返乡时间短的原因,农村在外务工人员的政治参与成为新的挑战;随着资本流入农村,资本、政策、土地与劳动力等矛盾成为农村社会冲突的新增长点……在此背景下,亟须建构起一套新的合理的乡村治理模式,以更好地维护乡村社会秩序的健康平稳运行。

二是农民不断增长的公共服务需求与村干部观念转变不快、能力提升不足之间的矛盾。随着我国经济发展水平的提升和人民生活水平的提高,仅仅"吃饱穿暖"已经不能满足人们的日常生活需要,"人民日益增长的美好生活需要和不平衡不充分的发展之间的矛盾"成为社会主要矛盾。在农村社会,这一矛盾主要体现为农民不断增长的公共服务需求得不到较好的满足:交通、水利等农村基础设施亟待进一步完善,然而由于基层干部工作能力不足、腐败问题滋生等原因,在具体实施过程中,有时会在土地征用、土地赔偿、农民安置、工程承包等公共事务的管理和决策过程中滋生出激烈的矛盾;农民对农业科技服务、社会治安、环境污染治理、文化教育和社会保障等公共服务的需求不断增多,而基层政府的职能转变、公信力和执行力的提升以及服务型政府建设的步伐仍较慢,尤其是村"两委"干部的观念转变不及时,仍保留着传统老旧的管理观念,认为农村社会管理不过是"自上而下"地传达一些政策，缺乏为人民服务的观念，不能从根本上满足人民群众日益增长的需求。在此背景下，畅通农民群众的表达渠道，鼓励农民群众参与农村公共事务管理与决策，在鼓励农民进行诉求表达的基础上使乡村治理更好地体现农民群众的真实需求、更有效地维护农民群众的切身利益，成为乡村治理水平提升的必然要求。

三是村民自治存在偏差与广大农民群众更加强烈的政治参与需求之间的矛盾。村民自治制度自20世纪80年代在我国农村社会实施以来，其显著成绩和非凡意义毋庸置疑。尽管如此，村民自治制度在具体实施过程中仍存在一定的偏差，在落实民主管理、民主决策和民主监督方面仍有较大提升空间，民主参与机制不健全与我国农民愈发高涨的政治参与热情之间的矛盾已成为影响乡村善治的重要因素。事实上，随着生活水平和受教育水平的提升，以往受到传统观念束缚在政治上略显保守的中国农民，开始对政治表现出了愈发浓厚的兴趣。他们清楚地认识到民主政治权利的行使与自身切身利益的保障有着千丝万缕的关系。只有切实行使当家作主的权利，才能保障权力不被滥用、自身权益不被侵害。然而，当前大多数地区的乡村治理机制未能较好地对人民的管理、决策和监督权利作出回应，虽然设置了一定的管理、决策和监督形式，但往往形同虚设，人民行使权利仅仅是走个过场，未能真实有效地发挥作用。因此，创新和完善乡村治理机制与基层民主政治形式成为迫切需要，协商民主成为现实选择。

农村社会正面临着种种问题和矛盾，但这些矛盾的解决无一不亟须协商民主的引入。在将协商民主引入乡村治理的过程中，必然要求充分发挥基层党组织的引导作用。一方面，中国共产党是全心全意为人民服务的政党，因此在中国共产党的领导下开展协商民主工作，能确保协商民主的立场坚定、价值正确，从而能切实以解决乡村社会问题、维护农民群众根本利益为目标开展协商民主活动。另一方面，中国共产党的战斗堡垒——基层党组织常年深耕于农村基层，许多党员本身亦是村庄里土生土长的村民，因此基层党组织及基层党员对该地区的农村社会的发展情况、治理问题、风土人情、社会生态等较为了解，有助于在工作中更好地结合当地实际作出适用的、合理的和科学的决策，提升乡村治理过程中协商民主运用的成效。

第二，取决于在协商治理的过程中各协商主体基本能够形成共同的世界观。与西方协商参与者代表不同阶级的利益诉求有所不同，在我国，多元的协商参与者虽然可能提出不同的诉求，但归根结底我国协商参与者之间不存在根本的利益对立。我国多元主体利益诉求的生成往往受到不同的经济状况、生活习惯、文化程度、思想观念等因素影响，但始终是社会主义社会人民群众的利益诉求。不可否认的是，尽管参与主体都是广大人民群众，但仍不可避免参与主体由于不同的生活经历、教育程度等原因，对事物的具体衡量标准存在差异。在此背景下，多元利益主体参与到协商活动中时，可能存在相互对立的观点。这一问题的解决有赖于中国共产党在协商活动中发挥引导作用。中国共产党能有效引导协商参与者站在一致的立场，形成一致的目标，维护最广大人民群众的根本利益，实现集体利益与个人利益的有效结合。因此，从这个角度上来说，中国共产党是协商治理必不可少的"掌舵者"。

第三，在协商治理的过程中，协商主体应当具有基本的协商能力。在政治参与过程中，人民群众毋庸置疑应当具备一定的民主政治意识与民主政治素养，这是民主政治活动有效开展的必要前提和基础。具体到协商民主活动，参与主体应当具有初步地提出议题、反馈意见、思考问题的能力，以及团结、合作、平等、尊重等基本品质，以确保协商民主活动能顺利开展。如果协商主体缺乏相应的政治素养，极有可能导致无法准确表达自己的利益诉求，以至于在协商过程中被别人牵着鼻子走，或者可能无法做出准确、合理的思考，以至于达成不科学的协商结果。然而，由于长期受到封建传统文化中保守的政治观念的影响，中国农民向来缺乏政治参与，一些农民群众的民主政治素养较低。这都需要依赖于中国共产党组织开展相应的教育与引导活动,不断培育健全的现代公民。

第四,协商运行机制应当能够整合多元主体间的利益矛盾。协商的目的是达成共识,从而形成科学、合理的决策。这就要求在协商过程中对多元主体的利益诉求进行整合。而中国共产党在利益整合的过程中发挥着不可替代的重要作用。首先,中国共产党通过设立共同目标或造就文化氛围使参与者在思想层面实现团结。如在大目标层面,农村基层协商民主的终极目标是追求中华民族伟大复兴。宏大的目标事实上是通过意识形态的力量发挥整合作用。在小目标层面,是要实现乡村善治。这对于每个参与主体而言是义务、是目标也是约束,这必然要求参与主体积极寻找角度实现集体利益与个人利益的有效结合。其次,中国共产党通过制定相应的制度和法律规范,约束参与主体的行为,使多元利益主体能够联结起来,为维护共同的公共利益而相互妥协。比如各地基层党组织纷纷结合当地情况制定相应的协商制度,有效规范了协商行为。

以上这些因素对农村基层协商民主能否成功开展具有重要的影响。在我国农村开展协商民主,离不开具有强大的政治优势、组织优势和群众优势的组织的主导。从提出和制定协商议题、组织开展协商,再到后期执行协商决策,基层党组织应当充分发挥引领功能、指导功能和保障功能。

(二)基层党组织在乡村协商治理过程中的角色定位

中国共产党在协商民主的过程中扮演着引领者、组织者和保障者的重要角色。基层党组织为协商民主活动搭建平台,持续推动协商民主治理机制创新,为协商活动提供组织保障,从而推进协商治理机制不断在农村社会落地生根。

首先,中国共产党是协商治理的引领者。党政军民学,东西南北中,党是领导一切的。农村基层协商民主也不例外。中国共产党对协商治理的引领主要体现在三个方面：一是政治立场的引领。从议题的选择、协商的组织与开展、到最后的决策形成，都必须高举中国特色社会主义伟大旗帜，在马克思主义世界观和方法论的指导下进行。这是中国特色的社会主义协商民主的本质内涵。二是价值目标的引领。中国特色社会主义协商民主的根本目的在于维护广大人民群众的根本利益。在农村协商治理的过程中，这一点也应该成为一切协商活动的根本准则。三是发展方向的引领。我国农村基层协商民主不是与生俱来的，而是在面对我国乡村面临种种矛盾和问题的基础上，不断探索和实践的结果。在中国特色的农村基层协商民主诞生与发展的过程中，协商民主机制该如何设置、未来该如何创新性地改进，往往都离不开基层党组织的引领。因此，在中国特色社会主义协商民主中，中国共产党发挥着重要的引领者作用，这也是中国协商民主区别于西方协商民主的突出特征。

其次，中国共产党是协商治理的组织者。在农村基层协商民主开展的过程中，从议题的选择、调研的开展、协商的召集与组织以及全过程监督，再到协商后决策的具体实施等各个环节，都离不开掌握强大资源的基层党组织的主导。但是，基层党组织在农村基层协商民主开展过程中，绝非高不可攀的一言堂般的存在，也并不是事无巨细、事必躬亲的规划者和执行者。相反，基层党组织只是平等的协商主体之一，它从人民利益的角度出发，为协商民主的开展提供组织、保障等工作，以确保协商民主活动的健康有序推进。总体而言，在当前我国协商民主机制发育不完全、民众民主政治素养不高的环境中，中国共产党在协商民主活动的组织过程中发挥着重要作用，它通过组织协商民主活动的方式，不断践行以人民为中心的价值追求，切实保障人民当家作主权利。

最后，中国共产党也是协商治理的保障者。在协商治理过程中，中国共产党依托政治权威发挥着重要的保驾护航的作用，主要体现在以下几个方面：一是为协商民主的运行提供合法化的背景支持。中国共产党通过制定协商治理的相关制度规范,确保协商活动有制可依、有规可守、有章可循,保证协商民主在宪法及党的政策允许范围内进行,这也成为协商议事的重要条件和保障。二是遏制农村宗族和黑恶势力对协商民主的破坏,为协商的有序开展提供保障。尽管当前农村社会宗族势力逐渐式微,但不可否认其在我国农村社会中仍存在一定的影响力。加之部分黑恶势力的存在,可能对农村基层协商民主的有序开展存在一定威胁。而党的基层组织通过说服、教育以及强制约束等方式,有助于制止协商过程中的非制度化行为。三是为协商民主的运行提供规范化的操作支持。基层党组织在一定程度上可以为农村基层协商民主活动提供场地、资金、专家人才等保障,确保协商民主的有序实施。

(三) 乡村基层党组织的协商领导力

乡村基层党组织在协商民主过程中发挥引领者、组织者和保障者的作用的重要前提是具有强有力的"协商领导力"。所谓的"基层党组织的协商领导力"是指:在组织开展基层协商民主的过程中,基层党组织按照党的协商民主要求制定科学的、具体的协商政策,同时发挥自身协商主体地位影响和吸引其他协商主体参与协商,并最终引导多元协商主体达成共识的本领。"基层党组织的协商领导力"具体体现在协商中的"政治领导力""思想引领力""群众组织力"以及"社会号召力"。基层党组织的协商领导"四力"是互为一体的,共同构成了一个完整的协商合力结构,政治领导力提供了最根本的协商方向,思想引领力提供了根本的协商思想指导和协商价值观指导,群众组织力提供了协商群众的来源与组织群众协商的框架体系,社会号召力强调的是协商目标的现实性与群众的协商主动性。乡村基层党组织的协商领导力,是能够卓有成效地把乡村基层协商民主发展起来的重要保证。在基层党组织协商领导力的引领下,通过推动整合乡村基层各类协商资源,调动广大协商主体的协商积极性与主动性,有助于形成党群共同协商、共同参与、共同治理的民主氛围。

第一，以政治领导力保障党的协商政策在乡村落实。要增强农村基层协商民主实践的有效性，就必须拥有一个具有较强政治领导力、思想引领力、群众组织力和社会号召力的组织者，这就必然要求中国共产党在农村协商民主过程中充分发挥组织优势。从我国的政治制度安排来看，党的组织网络形成了从中央到地方的多层级结构。目前，全国29619个乡镇，490041个行政村均已建立了党组织，❶ 这也为乡村基层协商民主体系的运行提供了组织化、体系化和规范化的操作平台。在最基层的广大乡村，基层党组织是乡村一切社会、群众组织和全部工作的领导核心，在政治方向上对村委会实行领导。截至2016年底，全国村民委员会中57.78%的人是中共党员；行政村党组织书记和村民委员会主任有34.23%的人"一肩挑"。❷ 2021年广东省村（社区）"两委"换届后，村党组织书记和村民委员会主任达到了100%"一肩挑"。党组织作为乡村基层协商民主的领导者，必须肩负乡村基层协商民主实践的领导角色、教育角色和监管角色。我国宪法和法律明确规定了乡村基层党组织按照宪法和党章、依照党的组织原则和协商规章制度，领导乡村基层各类经济社会组织依法开展乡村社会建设及公共事务协商，指导并支持乡村基层人民群众开展乡村各项公共事务协商实践活动，行使宪法以及法律规定的民主权利。协商的基本任务主要包括党的大政方针政策的宣传普及、基层民情的上传和反映、教育管理广大村民群众生产和生活秩序、党的有关发展"三农"的各项政策的落实。具体而言，就是乡村基层党组织从各个方面强化对乡村整体发展的谋划，提升对乡村的

---

❶ 中共中央组织部：《中国共产党党内统计公报》，中华人民共和国中央人民政府2023年6月30日发布，2023年7月18日访问，https://www.gov.cn/yaowen/liebiao/202306/content_6889177.htm。

❷ 中共民政部党组：《党的十八大以来中国特色基层民主建设的显著成就》，《求是》2017年第11期。

政治、经济、文化生态文明等的协商指导水平，带领乡村党员和广大村民群众沿着党的乡村振兴的战略目标共同奋斗。

第二，以思想引领力把握乡村基层协商民主实践的方向。乡村基层党组织的思想引领力主要体现在在协商政治方向上进行领导与对协商民主实践方向进行把握，同时提供协商组织的保障。事实上"协商民主的过程是实现和改进党的领导的重要方式，协商的过程既是广泛听取各种不同声音、充分吸收有益意见建议、不断改进领导和执政方式的过程，同时也是让社会各方面了解和接受党的政治主张和路线方针政策的过程。"❶一方面，乡村基层党组织通过向村民解释党的各项政策，传达上级政府的文件精神，以及听取村民群众意见，制定更符合本村情况的具体实施细则，汇集村民群众的集体智慧，吸纳全体村民群众的意见建议，共同推动各项政策落实。另一方面，乡村基层党组织掌握熟知党的方针政策，具备良好的组织与协调能力，能有效发挥协商主导作用，保证乡村的政治、经济、社会发展各方面事务的协商不偏离党和国家发展基层协商民主的方向和目标。

第三，以群众组织力动员村民积极参与公共事务协商。在开展农村基层协商民主的过程中，农村基层党组织必须充分发挥动员、组织和教育人民群众的能力，从而为协商民主活动凝聚更广泛的社会力量。这就必然要求，农村基层党组织利用自身及村委会、村集体经济组织、共青团、妇代会等群众组织的影响力在协商民主中践行群众路线，以"掌舵"的角色组织各利益相关者，协调各方利益关系，带领这些"船员"们朝着"共同的善治"与"理性求共识"的协商方向"划桨"。事实上，只有以协商民主的思维创新乡村基层党组织动员教育群众的形态，将公共权力合理用于乡村社会建设中，组织村民群众积极参与、有序参与，使民主协商落到实处，才能真正在村民群众中

---

❶ 陈家刚：《党的领导与协商民主》，《江汉论坛》2018年第11期，第35-40页。

获得决策合法性认同。因此，必须引导农村基层党组织强化协商服务意识，立足乡村实际推进协商服务实践创新，夯实乡村基层协商民主治理的载体。

第四，以社会号召力影响、凝聚乡村多元协商主体。研究结果显示，"经济发展程度和人民的富裕程度与公民的理性意识参与意识、自主意识以及公德意识呈正相关"[1]。利益关系是农村社会最重要、最复杂的社会经济关系，是建构乡村社会秩序的基础。由于我国乡村各主体缺少一种常识化的协商民主思维，农村民主政治建设缺乏常规性的协商机制，导致了乡村基层协商民主不能顺畅地在乡村治理过程中呈现，这也从根本上妨碍了多元协商主体之间形成建设性关系。然而随着乡村社会的多元发展，出现了一些发家致富的"能人"和"富人"群体。这些能量旺盛的群体往往出于自身的经济利益，试图操控政策制定的选择和考虑过程，而普通村民往往被排除在外，导致作为乡村最主要群体的村民对乡村公共事务参与的缺失。而将基层协商民主引入乡村治理，不仅有助于为广大村民群众提供一条规范化、程序化的表达自我利益诉求的合法渠道，从而在乡村各方利益主体平等讨论乡村公共事务的基础上，实现科学、民主的决策，同时也有助于提升决策的合法性。由于村民之间、村民与村委会之间、干群之间、村"两委"之间存在着错综复杂的利益网，乡村基层党组织是乡村各种复杂利益关系网的调控者和整合者，作为乡村战斗堡垒的基层党组织，理应是广大村民群众的利益代表者，这也是践行党全心全意为人民服务宗旨的必然要求。一方面，创造畅通的利益诉求表达渠道可以充分了解村民诉求，积极反映村民的愿望和意见，这无疑有助于党组织了解民情民意，真正解决人民群众急难愁盼的问题，从而提高村民参与公共事务协商的积极性。另一方面，

---

[1] 张国献：《论人口流动背景下的乡村协商治理》，《中州学刊》2016年第2期，第1—5页。

基层协商民主以党的协商政策为指导,在求同存异的协商原则下形成各协商主体的基本共识,破解复杂的利益关系网络,化解各种纠纷和冲突,实现最大化的利益整合。在此过程中,发挥着协调、组织与保障等作用的基层党组织,将无疑更加获得人民群众的信任与认可。

(四) 基层党组织主导农村协商治理的特征

中国共产党在农村协商治理中的主导作用呈现出以下特征:

一是必要性。中国共产党对协商治理的主导功能是历史与人民赋予的,也是时代赋予的。中国共产党的领导是中国历史和中国人民的选择,这是毋庸置疑的。在此基础上,对于当前协商治理在我国的实践程度而言,由于尚未发育成熟,因此仍然需要中国共产党扮演"掌舵者"和"航向标"的角色。可以说,基层党组织发挥主导作用是当前有序开展协商治理的必然要求。当然,随着农村协商主体的民主素养的不断提升,党组织在协商民主中的任务会逐渐减少。

二是政治性。中国共产党对协商治理的主导作用,归根结底还是在政治上的主导。农村基层协商民主作为中国特色社会主义民主政治制度的重要组成部分,政治性是其与生俱来的本质属性。农村基层协商民主的组织开展过程并不是随心所欲的,它必须在社会主义的限度内进行,必须以维护广大人民的根本利益为宗旨。在此意义上,开展协商民主必须始终坚持中国共产党的领导,始终坚持维护好最广大人民群众的根本利益的价值目标。

三是目的性。协商民主理论虽然是 21 世纪以来才开始引入中国的,但是中国特色社会主义协商民主却与西方协商民主存在较大的差异。其中,最根本的差异在于价值目标的差异。中国特色社会主义协商民主的目标,从宏观层面而言,就是要切实维护人民群众切身利益、实现人民群众当家作主的权利;从具体目标而言,就是要引导达成科学、合理的决策,从而为党和国家治理提供科学参考,并最终切实维护人民利益。

在协商过程中,中国共产党正是始终引导协商民主朝着以上既定目标前进的指路明灯。

事实上,中国共产党及其基层组织在农村协商民主和基层治理中发挥主导作用的过程,也是党践行群众路线的过程,是问计于民、问需于民、问政于民的过程。中国共产党在经济社会快速发展的进程中,要保持其强大的群众组织力,需将社会建设与自身建设结合起来,运用协商民主,凝聚社会力量和社会资源,深入基层倾听民意,积极关心民众需求,从而真正在民众当中获得决策合法性的认同,使党在中国特色社会主义事业中的领导核心地位得到巩固。

二、从维护农民利益的角度出发,尊重农民平等参与协商治理的权利

2015年中共中央印发的《关于加强社会主义协商民主建设的意见》明确指出:"围绕本地城乡规划、工程项目、征地拆迁以及群众反映强烈的民生问题等,组织有关方面开展协商"❶。因为基层协商不同于以两会平台为主的政治协商,它更多的是围绕利益诉求的协商,所以大量的矛盾和问题主要集中在基层。

改革开放以来尤其是进入新世纪以来,中国农村社会群体性事件频发,其主要原因是多元主体的利益发生了冲突。如在土地方面,随着我国工业化和城镇化的发展,如何合理实施农村征地工作,妥善地给予农民群众补偿与安置,而不是使他们"被上楼""被进城"。同时,水源污染、土质污染、空气污染和食品污染等带来的社会问题,以及一些环境工程"上马"时沟通不够、信息不对称引发的矛盾也成为农村社会冲突的重要来源。此外,政府的公共产品与服务的提供严重不足,政府

---

❶ 《关于加强社会主义协商民主的意见》,人民出版社,2015年,第13页。

第五章 新时代农村基层协商民主与乡村治理创新的主要特色

公权力的滥用所导致的纠纷也时有所见。尤其是村干部与农民之间的矛盾始终是农村社会突出的矛盾爆发点之一。由于民众缺乏畅通的政治参与机制,或由于民众缺乏政治参与的积极性,村干部往往直接掌握了村务管理的绝大部分权力,因而在很多方面直接决定着农民的切身利益。村干部虽然是由农民群众直接选举产生,但是由于部分村干部没有牢固树立为民服务观念,而是在公共治理的过程中,为了追求自身利益最大化而动了歪心思,想方设法为自己谋利益:有的村干部,私自挪用公款,中饱私囊;有的则是把低保名额给自己亲戚好友等,变相地为自身谋利。在此背景下,普通村民与村干部的矛盾不断积累起来。传统的基层管理体制已经无法有效化解冲突和矛盾:这一方面是由于农民群众及农村社会组织在其中缺乏话语权,政府和民众之间缺乏平等协商的平台和机制;另一方面是以往的由村干部、乡村精英和宗族长老掌握大部分村务管理权力的做法已经不被农民群众广泛认可。

因此,实现公民的有序政治参与,畅通民众表达诉求的渠道,是突破当前治理困境的重要举措。关于"政治参与",学者们已经进行了十分丰富的论述。塞缪尔·亨廷顿和琼·纳尔逊在其所著的《难以抉择》一书中称:"我们所说的政治参与是指平民试图影响政府决策的活动。"[1] 诺曼·H.尼和西德尼·伏巴认为政治参与是"人们旨在影响政府决策的行为。"[2] 奥罗姆认为:"广义上理解政治参与可以被视为是让人们以各种途径努力影响政治过程。"[3] 我国大多数学者认为"政治参与就是公民或公民团体影响政府活动的行为"[4],是"公众为了争取、

---

[1] 塞缪尔·亨廷顿、琼·纳尔逊:《难以抉择——发展中国家的政治参与》,汪晓寿、吴志华、项继权译,华夏出版社,1989年,第3页。
[2] 格林斯坦、波尔斯比编:《政治学手册精选》(下卷),储复耘译,王沪宁校,商务印书馆,1996年,第15页。
[3] 安东尼·奥罗姆:《政治社会学》,张华青、孙嘉明等译,倪世雄校,上海人民出版社,1989年,第280页。
[4] 王邦佐、孙关宏、王沪宁、李惠康主编:《新编政治学概要》,复旦大学出版社,1998年,第245页。

实现和维护自己的利益，围绕国家政权展开的活动"。❶

总的来说，学者们都确认了"政治参与"具有以下内涵：一是政治参与的主体既包括公民也包括公民团体，也就是说各类社会组织和团体也可以参与到协商活动中；二是政治参与的目的主要是影响政府决策的行为或是监督政府决策的实施，从而有效争取、实现和维护自己的利益；三是政治参与的途径是多种多样的，人民民主有着丰富的实现形式；四是公民政治参与的态度是积极的、主动介入的，而不是被动的。在中国，协商民主是实现广大人民群众政治参与的重要手段。"人民是否享有民主权利，要看人民是否在选举时有投票的权利，也要看人民在日常政治生活中是否有持续参与的权利；要看人民有没有进行民主选举的权利，也要看人民有没有进行民主决策、民主管理、民主监督的权利。"❷ 协商民主能够有效弥补选举民主的缺陷，最大限度把民主的精神贯彻到政治参与的过程之中。推进人民民主向纵深发展，必须发挥社会主义协商民主的重要作用。

保证人民群众的政治参与，根本目的在于维护人民当家作主的地位。人民内部进行广泛协商，平等讨论、凝聚共识，实现科学决策、民主决策，正是人民当家作主的具体体现。事实上，政治参与和维护人民群众切身利益之间的逻辑关系是显而易见的。一方面，农民群众在公共事务管理与决策的过程中，由被动转变为主动。以往，由于缺乏政治参与意识，许多农民群众往往只是被动地等待村干部制定决策，随后等着村干部通知到户。即使认为决策存在不合理之处，大多数人也会选择三缄其口，另一小部分人则容易走上非制度化政治参与的道路。当前，农村基层协商民主在广大农村地区的推广，为农民群众政治参与提供了行之有效的、操作更简单的畅通渠道。在农村基层协商民主的实施过程

---

❶ 张永强：《试论社会主义市场经济过程中的政治参与和政治稳定》，《社会主义研究》1996年第3期。

❷ 《习近平谈治国理政》（第二卷），外文出版社，2017年，第292页。

中,邻里乡亲共同坐下来,就同一公共议题进行讨论和对话。正是由于彼此之间都是熟人,农民群众在协商过程中摆脱了束缚感,能够借助协商平台真正说出所思所想。农民群众利益诉求表达的过程,不仅是农民群众维护自身利益的过程,也是政策制定收集民意的过程,是人民群众真正实现自身当家作主权利的过程。另一方面,通过协商民主活动,有助于消除分歧、达成共识,最终形成科学的、合理的公共决策,实现公共利益的有效维护。公共利益实现的过程实际上也是人民利益实现的过程,也体现了对广大人民群众根本利益的维护。

在推进协商民主的过程中,"平等"地落实民众政治参与权利,是实现协商治理有序推进、切实维护人民当家作主权利的题中之义。从我国农村协商民主典型案例看,好的协商民主活动必须确保所有协商参与者的平等表达权利以及平等影响协商结果的权利,即对事关农民切身利益的决策,具有施加有效影响的平等机会。而这些要求,事实上已经在我国农村基层协商民主的实践中得到了体现,具体如下。

第一,我国农村基层协商民主确保参与者平等获得相关信息的权利。在选定议题的环节,农村基层协商民主鼓励广大农民群众积极提出建议议题。为论证议题及初步方案的可行性,基层政府往往会走进人民群众中进行深入调查研究。在正式开展农村基层协商民主活动之前,协商活动的组织者会将协商信息进行公告,并欢迎广大人民群众自愿参与协商。也就是说,在我国农村社会,无论性别、年龄、职业、经济状况、文化程度,无论是普通农民、乡贤、宗族长老、在外务工人员、集体经济组织相关人员等都具有平等地参与协商民主的权利。

第二,我国农村基层协商民主承认协商参与者之间存在利益差异,保障民众表达反对意见的权利。协商民主机制设置的初衷就是要协调与整合多元利益主体的诉求。因此,承认协商参与者之间存在利益差异,并尊重这种差异是协商民主活动开展的前提。在协商的过程中,多元参与主体平等、理性地表达诉求,对不同的、反对的意见保持尊重,并在友好协商的过程中通过说服、讨论、辩论的方式，改变某一方的看法或实现多元主体诉求的相互妥协，最终达成科学的、合理的决策，从而有效维护社会公共利益。

第三，我国农村基层协商民主的多元参与主体均有影响协商最终结果的平等权利。我国农村基层协商民主的平等是全方位、全过程的，它不仅注重事前、事中的程序平等，也强调协商结果的平等。也即是说，在产生协商决策的过程中，并不歧视决策所蕴含的最初想法来源于谁，或许是一位老老实实的普通农民，也或许是一位普通的在外务工的农民工，只要他的意见与建议是合理的，符合公共利益的，是可以被认可的。这也意味着，协商结果不会因为协商之外的强力干涉而改变。只要是通过协商程序商讨出来的决策，就在一定程度上产生了合法性。

第四，我国农村基层协商民主禁止在协商过程中存在强迫、欺骗和引诱性的行为，避免掌握公权力者和富裕阶层掌控协商过程。我国农村基层协商民主是多元利益主体平等参与的民主形式，多元主体的参与以及在此过程中的平等地位是协商民主的特征。在开展农村基层协商民主的过程中，党的基层组织通过运用政治权威遏制黑恶势力、宗族势力对协商的影响，不断规范协商行为，切实保证每一位参与主体利益诉求的真实表达。

事实上，政府、社会组织和公民等多元主体参与协商共治，具有合作共赢的内涵。在开展协商民主的过程中，政府、社会组织和公民之间并非上级与下级之间的关系，而是在主体地位平等的前提下的指导与保障的关系。由于都是基于以维护公共利益为出发点，可以说政府、社会组织和公民在协商民主的过程中实现了互惠互利：一方面，协商民主形式有助于帮助政府收集民意、了解人民群众的心声，为政府相关工作的开展奠定坚实基础；同时，协商活动有助于实现科学决策，因而可以有效帮助政府在基层事务管理的过程中不走偏。另一方面，广大农民群众通过协商民主较好地实现了集体利益与个人利益的协调与整合，有效地行使了民主权利，提升了政治素养和水平。因此，多元主体在协商治理的过程中，并非竞争、排斥的关系，而是合作共赢的关系。

给予农民平等参与协商治理的权利，是中国共产党群众路线的生动体现。从群众中来，到群众中去，是我国农村基层协商民主的鲜明特征。对于农民群众的切身利益、生产生活中遇到的问题等，他们是当事人，因而他们自己最清楚。因此，决策过程就不能是一言堂，而应该有农民群众的参与，应该认真听取人民群众的意见与建议。这也是人民当家作主地位的具体体现，体现了我国社会主义民主政治的真谛。

三、重视与农村原有基层政治制度的衔接与照应，节约制度创新成本

从基层治理的现实情况来看，中国农村的选举民主形式经过长期的运行，已经形成了比较成熟的制度体系，农民对此已有相当程度的了解和认同。而农村协商民主作为完善基层治理的形式尚处于探索阶段。如何处理协商民主与农村原有基层政治制度之间的关系，也即究竟是共存还是取代，是在推进农村基层协商民主的过程中不得不面对的一个现实问题。

毫无疑问，实践已经证明，中国农村基层协商民主形式是在现有民主制度的基础上孕育而成或有机嵌入原有民主制度当中的，有的是在现有的乡镇人民代表大会制度、村民自治制度的基础上进行改良，有的是建立各种专题议事会并与已有的民主制度相连接。事实上，中国农村基层协商民主实现了既有所创新又能与原有民主形式相互衔接照应的目标。

一方面，农村基层协商民主与选举民主相互补充。在我国农村，广

大农民群众在村民自治过程中，享有民主选举、民主管理、民主决策和民主监督的权利。然而在具体的实践中，民主选举往往单兵推进，民主管理、民主决策和民主监督得不到有效落实。与此同时，由于政治参与成本较大等原因，所谓民主管理、民主决策和民主监督成了村民代表们的权利，普通的农民群众在一定意义上成了民主政治活动的看客。此外，由于受到封建文化的影响，中国农村社会的一个突出特征就是乡村精英在乡村治理过程中发挥着重要引领作用。这不可避免地会导致村民自治变成了"被代表"的自治，农民群众的民主政治权利得不到切实保障，民主被局限在了民主选举这一层面。而协商民主引入乡村治理机制，有助于较好地解决民主管理、民主决策和民主监督缺位的问题。协商民主的要义之一就是多元主体平等参与，农村基层协商民主在一定意义上是一种鼓励最广大的农民群众坐下来畅所欲言的民主政治形式。

在协商民主的过程中，农民群众、基层党组织、基层政府、农村集体经济与合作组织、社会团体、外来人员以及其他涉及利益的个体、群体或组织等共同围绕乡村社会发展的重要议题平等协商对话，在相互尊重与理解的基础上消除分歧、达成共识，形成乡村社会发展的科学决策。广大农民群众围绕公共事务和公共决策进行讨论、协商的过程，也是民主管理与民主决策的过程。同时，通过设置监督性议题，也有助于在协商民主过程中落实民主监督功能。值得注意的是，民主选举的内涵也在协商民主中得到了广泛应用。农村协商机制强调采用协商、对话的方式进行治理，但并不排斥选举投票机制、多数决定机制和代表性机制。在协商民主的过程中，经充分讨论后，最终决策结果的产生往往也是经由少数服从多数的投票机制决定的。因此，可以说协商民主与乡村社会现有民主制度是相互补充的，协商民主与选举民主、代议民主、精英民主一同建构起了更加完善的基层民主政治形态。

另一方面，农村基层协商民主与选举民主、代议民主、精英民主相互促进。当前，在我国农村社会中民主选举是最普遍的民主实现形式。

然而，由于选举多是固定几年举行一次，加之选举选的是人而不是决策，因此仅依靠民主选举不能较好地满足人民群众日常政治参与需要，也不能时刻有效地传递人民群众的真实诉求，不能始终确保在公共事务管理与决策的过程中人民群众利益的实现。农村基层协商民主的运用，则在一定程度上摆脱了这一困境。在协商民主中广大人民群众广泛商量的过程，就是发扬民主、科学决策的过程，就是实现人民当家作主的过程。在中国农村社会已经有了深厚根基的选举民主、代议民主、精英民主，为农村基层协商民主的顺利实施提供了条件。经过多年村民自治的锻炼和培育，我国广大农民群众的民主政治意识和民主政治素养不断提升，这为协商民主的顺利实施奠定了坚实的基础。

总的来说，农村基层协商民主对选举民主、代议民主、精英民主的补充和促进主要体现在以下几个方面。

第一，拓宽有序政治参与的渠道。在以往的代议民主和精英民主为主的乡村社会政治框架中，由于民主管理、民主决策和民主监督未能得到有效落实，村务管理的权力普遍集中在村干部、乡村精英和宗族长老等强势群体的手中。对于普通农民群众而言，制度化的利益表达和政治参与的渠道长期供给不足，甚至有时候还经常因为特殊时期加强管控的需要，进一步缩小了民众的参与渠道。然而，随着社会转型的不断深入，普通民众尤其是弱势群体和新兴社会阶层的利益表达诉求和政治参与需求迅速递增，与之相反的是，满足人民群众政治参与的制度化渠道严重不足，这必然促使他们寻求体制外的渠道表达利益诉求，从而导致非制度化政治现象的急剧增长，危及乡村社会的有序运行。而协商民主则是这些问题的重要解决渠道。协商民主强调多元主体的参与，要求公民和组织尤其是与协商议题相关的主体均能参与到协商民主的过程中；在协商民主的过程中，多元主体的地位平等，拥有平等地提出议题、表达利益诉求和影响协商结果的权利，不再受到强势势力的制约和约束；协商民主是一个允许充分表达利益诉求的舞台，在协商的过程中，要求参与者尊重每一个意见、建议和理由，并经过反复思考和讨论，在维护公共利益的基础上最大限度实现个人利益。因此，协商民主不仅为普通民众尤其是弱势群体和新兴社会阶层提供了利益诉求表达的平台，也强调了协商过程主体间的平等地位，有效避免了强势群体掌握话语权、弱势群体的利益得不到保证的消极现象。

第二，有效提升政治参与的深度和广度。在以往的选举民主过程中，常常由于参与人数较多、跨越地域范围较大等原因，许多民众在进行正式投票之前缺乏对被选举人必要的了解，也缺乏相应的调查研究以及讨论对话等，因而在一定程度上使选举民主仅仅停留在"投票"这一形式上。而协商民主在协商前通常要求组织者进行深入调查研究，在充分了解实际情况的基础上提出初步的讨论方案；协商民主设计了充分的信息交流的环节，允许参与者们平等地表达自己的利益诉求，并进行充分的讨论和思考；协商民主具有监督的功能，允许参与者对公共决策的实施进度和预算的执行情况等进行跟踪监督。因此，可以说协商民主在较深层次上实现了农民群众的民主管理、民主决策和民主监督的权利。农村协商民主议题所涉及的内容是方方面面的，既可以是关乎地区发展的重大政策，也可以是与广大农民群众生产与生活密切相关的事务，因此协商民主也有效提升了民众政治参与的广度。

第三，有助于促进科学民主决策，提升决策质量和效率。在以往的代议民主和精英民主中，往往是由民众选举的代表或者是由精英群体代为制定公共事务决策，人民群众在政策制定过程中的直接参与较少。而协商民主则是一种由民众直接参与决策制定过程的民主形式。它通过在决策过程中，允许协商主体平等地表达利益诉求，并允许参与主体之间有充分的信息交流，由此在实现利益的协调与整合的过程中，使协商结果趋于优化，从而能够有效实现科学决策。其中，在协商过程中各方的利益诉求都会被适当地纳入决策考虑参与范畴，无论是强势群体还是弱势群体，其合理诉求都会被得到尊重，通常情况下不会出现多数人否定少数人利益的结果。同时，由于参与者们参与政策制定的过程，这在一定程度上增强了参与者们对政策的了解，由此在协商一致的基础上形成的制度、政策更容易得到协商各方的认同，有助于提高在决策实施过程中的效率。

第四，有助于化解矛盾与冲突，实现国家与社会的良性互动。由于选举民主仅仅选举的是代理人，不选举具体的政策和决策，因此无法针对性地对解决社会冲突和矛盾的方案进行投票。尤其是部分代理人由于缺乏为民服务的观念，在制定政策时往往倾向于维护特定群体的利益，这可能导致矛盾与冲突的进一步激化。而协商民主则是协调和整合多元利益诉求的平台，它通过构建一套完整的制度体系和运行机制，为不同利益群体参与政治生活提供了常态化、制度化的平台。在协商过程中，不同的利益主体通过平等、理性地表达利益诉求，在此基础上进行深入的协商、讨论和辩论，不断地反复思考、反复研究，有助于更加合理地在维护公共利益的基础上协调多元利益；同时，协商的过程也是增进彼此之间了解的过程，有助于释放各种不满情绪，自我调整为平和的心态。由于协商民主有助于积极参与公共决策，有助于化解社会发展中存在的种种矛盾与冲突，因而有利于在民众与公共权威之间形成良性互动关系。

第五，有助于加强对权力的制约与监督，提升民主质量。在我国，权力的监督形式是多种多样的。其中，协商民主在权力监督过程中有其独特的优势，它有效地构建起了社会层面制约权力的机制。在协商民主的过程中，民众是监督的主体。民众通过参与公共事务管理和公共决策的讨论，跟进决策实施过程和预算执行情况等，对决策过程和权力运行形成了一定制约和监督。尤其是在协商的过程中，主体地位平等，这有助于摆脱强势群体对话语权的把控，将权力运行放在阳光之下、自觉地置于人民群众的监督之下。

总的来说，乡村治理是一项复杂而庞大的系统工程，不仅要考虑政治、文化、经济因素，还要关注民俗、心理和情感等诸多方面。在农村社会结构发生重大变化的今天，"自上而下"的旧式管理模式已经失灵，实现乡村善治必须充分发挥广大人民群众的积极性与主动性。具体而言，就是要在扎实推进农村村民自治的基础上，着力健全村务公开和民主议事制度，让农民群众真正享有知情权、参与权、管理权、监督权；要通过制度化的民主手段，妥善处理农村各种社会矛盾，建构良好、有序的农村社会秩序。这一任务不是哪种民主形式孤军奋战就能完成的，而是需要实现多种民主形式的衔接与照应，需要实现协商民主与选举民主、代议民主、精英民主的有效融合。事实上，实现协商民主与原有的民主形式的相互衔接照应，是实现乡村善治的必然要求。

第一，能有效节约制度创新的成本。近年来，形式多样的农村基层民主协商治理机制在全国各地纷纷涌现，如前所述的民主恳谈会、村民代表会、议事会等。事实上，这些协商治理实践并非另起炉灶，而是在乡村社会原有民主形式的基础上，结合当地实际情况实现与原有民主形式有机衔接的结果。一部分地区在原有民主形式上加入协商因素，如在原有的村民大会、村民代表会议、村民小组会议等形式中引入协商，以此来切实有效地实现制度完善，切实保障广大农民群众的决策权、管理权和监督权。一部分地区在原有民主形式的基础上增加新的协商形式，如各种类型的听证会、商讨会、协商会议等，希望能以此来有效解决乡村社会存在的矛盾和冲突。但无论是以何种形式在乡村治理中引入协商民主，其根本原则都始终是坚持农村基层党组织的领导，实现协商民主产生共识、达成科学决策、实现乡村善治的功能。

第二，易于被广大民众接受。由于乡村社会原有的选举民主、代议民主、精英民主等形式经过多年的发展，在乡村经济社会发展过程中始终发挥着重要作用，其治理功能已经广受民众认可。尤其在多年的实践中，广大农民群众已经对这些民主形式、民主程序以及民主价值等有了较深入的理解，贸然地将其取而代之并非明智之举。因此，将协商民主引入乡村社会现有的民主政治形式中，实现两者有效衔接与融合，从而在此基础上实现农村基层民主政治形式的创新是合理举措。这样将协商民主引入乡村社会，更易被广大民众所接受、所容纳，也更容易推进实施。

第三，推动实现乡村善治。正如前所述，传统的乡村社会管理模式已经无法满足当前社会结构不断分化背景下的治理需求。为了满足人民群众不断增长的政治参与需要，以及更好地解决乡村社会存在的种种矛盾与冲突，引入协商民主形式势在必行。通过协商民主广泛征集民意、集思广益、凝聚共识，有助于弥补原有民主形式与广大人民群众沟通不足的缺陷。协商民主与选举民主、代议民主、精英民主共同在乡村治理过程中发挥着选定村干部、制定公共决策、开展公务管理以及缓和农村社会矛盾的重要作用，这是任何一种民主形式都不能单独取得的成果。协商民主融入乡村原有民主形式，取得了"1＋1＞2"的良好成效。

当然，实现协商民主与农村原有基层政治制度的衔接与照应，并不意味着仅仅只需把协商民主融入原有治理机制，还必须努力创新和完善协商民主的协同机制、参与机制、保障机制和长效机制，使我国农村基层协商民主的运行程序进一步完善，确保协商民主的独特功能与作用得到有效发挥。

四、因地制宜创新民主协商与乡村治理形式

协商民主本身并没有一套完全统一的模式。从国内外协商民主的历史实践来看，不同的国家和地区要根据自身的实际情况选择具体的协商民主治理途径和模式，并对民主协商治理机制进行长期的摸索。加之我国幅员辽阔，不同地区的农村经济、文化和社会环境存在较大差异，因此在推进农村基层协商民主的过程中，必须结合不同地区的实际情况因地制宜设置协商民主程序和机制。从当前我国协商民主实践的典型案例

上看,农村协商民主形式各异。

从与乡村原有的民主政治形式的衔接来看,我国现有农村基层协商民主形式有的是在村民自治制度框架下的具体制度改良,如村民代表会议和村民民主评议会,村民代表会议原先就有,而现在是把村民代表会议的民主协商落到实处;有的是在村民自治制度框架下创造了新的协商民主机构和平台,如村民议事会、民主协商议事会、民主恳谈会、"一组两会"等。这实际上是不同地区结合实际情况对协商民主的不同创新形式,也体现了我国农村基层协商民主的一个突出特点:因地制宜创新协商民主与乡村治理形式。

从具体应用场域来看,我国农村基层协商民主实践也是丰富多样的。协商民主理论家约翰·S. 德雷泽克认为,"协商民主可以在不同的领域内运用,每个场所都可以构建一个协商民主的实践,譬如,国家制度的协商、普通公民的协商以及公共领域的协商"[1]。我国基层协商民主既有在基层换届选举中增加协商讨论环节的模式,以确保民主选举结果的科学性与合理性;也有在公共事务管理过程中增加协商讨论环节的模式,由广大农民群众围绕管理举措反馈意见与建议;也有通过协商讨论制定公共决策的模式,以确保决策真正体现民意,从而确保决策的科学性与合理性;也有在民主监督的环节中引入协商的模式,以人民群众反馈意见的形式监督公共事务的实施与村"两委"干部的工作;还有在预算审议等方面增加协商讨论的要求等。

从协商层次来看,我国基层协商民主呈现出多方面、多层次的特色。如为了更好地满足群众政治参与需要、实现人民群众的利益最大化,浙江温岭"民主恳谈制度"不断深化和发展,结合人民群众表达诉求的实际需要,拓展了民主恳谈的实施形式,在政权机关、政协组

---

[1] John S. Dryzek:《不同领域的协商民主》,王大林摘译,《浙江大学学报(人文社会科学版)》2005年第3期,第32-39页。

织、党派团体、社会组织以及其他组织中广泛开展了多渠道、多层次、多领域的协商活动，全方位保障和落实了群众的利益诉求，为公众广泛有序的政治参与提供丰富的渠道和场所。我国的基层协商民主并不是固定一种模式，而是可以根据不同的议题、不同的参与群体等有针对性地设置不同的协商模式。

从协商目的来看，各地在创新过程中，有的结合本地区面临的热点、难点、堵点问题探索基层协商民主形式，如安徽巢湖为了精简村干部催生了"民主评议村干部"形式；有的实现与现有民主政治的有效衔接，如把协商形式引入村民代表会议制度中。有些协商制度，如民情恳谈会，只是为了沟通干群关系。有些协商制度，如村民议事大会是为了制定决策。有些协商制度，如评议会，是为了得到公民对干部的评判意见，从而为人事领导干部决策提供参考。可以说，我国目前农村基层协商民主实践都具有较强的目的指向性。

具体而言，我国各地农村协商民主运行机制的设置主要是依据以下因素。

第一，协商民主机制的可行性。在我国，农村基层协商民主在运行的全过程中会受到许多因素的影响，是否能较好地协调与整合各方资源，成为农村基层协商民主能否有序开展的重要条件。可行性是我国农村因地制宜设置协商民主形式首要考虑的因素。

一是治理环境。在我国，村与村之间的治理环境是存在较大差异的：不同的自然村的人口数量不一，有的自然村人口较多，村民居住较分散、交通不便，政治参与成本较高；有的行政村的划分并不一定与自然村一致，部分行政村涵盖多个自然村，自然村之间往往由于地理位置较近、亲缘关系较亲，内部凝聚力较强，容易形成政治团体；有的村落由于受地域文化的影响，宗族力量较为强大，成为乡村治理不得不考虑的重要因素。村落之间治理环境的差异，导致了我国不同地区农村基层协商民主有着不同的表现形式，如河北青县的"村民代表会"最初就是因为行政村规模较大，内部又存在南院和北院两个体量悬殊的、基于地理距离划分的政治团体，为解决由此引发的一系列冲突而设立的。又如有的村落，由于人口规模较大，在设置了村民大会的同时，也设置了每五户到十五户村民推举一人参与村民代表大会的协商形式。

　　二是相关配套制度。尽管农村基层协商民主是在村民自治范畴内开展的，但是农村基层协商民主活动的有序开展仍然离不开基层党组织和基层政府的支持。基层党组织和基层政府的支持可以体现在多个方面，或许是资金的支持，也或许是场地的支持，但最重要的是协商民主相关配套制度的支持。协商民主要实现健康有序发展，除了政治方向的坚强引领之外，还必须有强有力的保障机制。基层党组织和基层政府应当着力完善协商民主的协同机制，应从现有的政治体制机制出发，推进多种协商类型的相互配合，完善各级各类民主协商会议的程序设计，并通过地方立法等方式，加强程序性制度建设。

　　三是村干部的政治素质和执行能力。农村基层协商民主归根结底是要在农村自治场域中开展，农村"两委"干部自然而然地成为了协商的组织者、引导者，肩负着策划组织协商活动、引导广大农民群众有序参与协商、执行协商结果的主要责任。因此，村干部的政治素质和执行能力极大地影响着协商民主的实施效果。只有村干部真正摒弃传统的"自上而下"的管理思维，树立以人民为中心的工作理念，认真倾听民意、切实履行责任，才能较好地提升农村基层协商民主的效果。如浙江象山的"村民说事"，最初只是召开了一场争议款项的说明会，村干部以敏锐的嗅觉察觉到这一制度的优势，由此把这一制度固定下来，并创新发展了主动倾听"上门说"等方式，使之发展成为我国农村基层协商民主的优秀实践案例。

　　四是与原有制度的有效衔接。如前所述，协商民主与乡村原有基层政治制度的有效衔接与照应，是节约制度创新成本、使协商民主形式更易于被民众接受的重要因素。能否实现与乡村原有制度的有效衔接与照应，直接影响着协商民主能否在农村落地。在我国，不同地区的农村依据村落实际情况，在坚持原有制度的基础上，对协商民主的融入进行了深入探索：有的地区直接在原有制度上进行改良，融入协商因素，实现与原有制度的有机融合；有的地区在自治框架下建构了新的协商民主形式和渠道，与原有民主政治形式共同运行，大体上都能实现与原有制度的有效衔接。

五是民众政治素养。协商民主是鼓励广大人民群众平等参与协商与讨论的民主政治形式。因此，农村基层协商民主能否有效运转，参与主体即广大农民群众的政治意识和政治素养是重要影响因素。当前，经过多年村民自治的锻炼，我国农民群众的政治素养已经得到了一定程度的培育，具备了基本的政治意识，这也为农村基层协商民主在我国农村地区的有序运转提供了重要条件。一些地区的乡村精英、先富起来的部分民众出于维护自己利益的需要，甚至还成了协商民主的有力推动者。

总体而言，这些因素成为我国各地考察是否具有协商民主可行性的重要内容，也成了各地因地制宜创新民主协商机制的重要依据。这些因素的不同配置，也催生了丰富多样的协商民主形式。

第二，解决乡村社会矛盾和冲突的需要。农村基层协商民主的产生与运用正是源于为了摆脱乡村治理困境的现实需要。不同地区的农村基层协商民主形式之所以不同，也在一定程度上是由于各村落存在的矛盾和冲突有所差异。如浙江温岭的"民主恳谈制度"源于市场经济的发展使农民群众的权益意识和政治参与意识明显增强，他们愈发关注村务水平对其生产和生活的影响；浙江象山的"村民说事"源于村务公开不足带来的干群矛盾；重庆开州区麻柳乡的协商"八步工作法"源于传统基层管理模式未能及时与时俱进，激发社会矛盾……农民政治参与的强烈需要与民主政治形式不完善之间的矛盾、缺乏理性沟通带来的干群矛盾、传统基层管理模式不适应当前需要的矛盾、农村社会公共决策不满足人民群众切身利益带来的矛盾等,需要采取相应的、不同的民主政治形式予以应对。不同的现实困境是不同地区协商民主有所差异的直接原因。

第三,民众政治参与的需要。基于不同的矛盾和冲突,人民群众渴望通过协商民主形式解决的问题也不尽相同。如当面临公共决策不科学、不合理的问题时,民众可以通过参与村民大会、村民代表大会、专题协商等形式表达诉求;如需监督村干部的工作时,可以通过民主评议会等形式反馈意见与建议;如需就专门事项进行协商,如就工资问题进行协商,则可以通过针对工资进行集体协商的方式。总体而言,在人民当家作主的中国,人民群众的根本需求是一切政治形式创新的根本动力。各地有所差异的协商民主形式,也正是为了解决不同地区人民群众的不同需求而设立的。

总体而言,每一个独特的协商民主形式的设立,都是该地区"天时地利人和"的结果。但无论是哪种形式,根本逻辑都是切实维护最广大人民的根本利益,实现人民群众当家作主的权利。

五、采取从个别创新、典型示范到逐步推广的渐进发展路径

相比票决民主和代议制民主的阶段性、间歇性,协商民主是更加广泛、深入的民主参与形式,这对协商组织者和参与者的能力与素养提出了较高的要求。因此,协商民主的程序设计必须不断经过试验、打磨再到成形的过程。实践表明,我国各地农村协商民主治理就采取了从个别创新、典型示范到逐步推广的渐进发展路径。

第一,个别创新,典型示范。各地农村协商民主治理机制创新基本上都是在小范围实现创新的基础上,不断在探索中总结经验、改正不足,并逐步将成功做法进行推广。如浙江温岭的"民主恳谈",从松门镇走到温岭市,从"温岭实验"到"温岭模式","民主恳谈"已成为

温岭深化改革的一张金名片,并已发展成为我国基层协商民主的一种典型形式。又如浙江象山的"村民说事"被写入《关于加强和改进乡村治理的指导意见》在全国推广;重庆开州区麻柳乡的协商"八步工作法"被中共中央组织部以全国基层组织建设工作情况通报的形式向全国推广。这些实践案例成为全国农村基层协商民主开展的典型案例。

第二,参与协商的主体范围逐步扩大。由于协商民主是更直接、更广泛、更复杂的民主形式,因此对协商参与者的民主素养提出了一定要求,为了保证协商民主与基层治理的稳定有效运行,必须把农民的政治水平和适应程度作为考虑因素,所以各地在确定协商参与者时,都采取了谨慎态度,在最初的小范围参加的基础上逐步扩大协商主体范围。如浙江温岭的"民主恳谈"制度中的政府决策协商有针对性地邀请与决策事项相关的个人、利益群体和社会组织以及社会各界代表等参与协商,但并不排斥其他民众的参与,鼓励社会公众自愿参与其中。又如许多地区均设置了全体村民参加的村民大会以及村民代表参加的村民代表大会等,满足不同议题对参与主体的不同要求。

第三,协商内容逐渐增加。目前我国大部分地区农村协商民主的议题内容范围基本限定在与农民利益比较密切的重大事项上,而不是所有一切大大小小的事务都要纳入协商议题。当然,随着农村基层协商民主形式的不断发展以及农民群众政治意识的不断提升,部分地区也开始探索内容更丰富的协商治理活动。如前典型案例所述,北京市顺义区在村级推出"五大、三议、三审、三公开"制度,其中"五大"是指大额资金使用、重大资产处置、重大人事任免、重大合同签订、重大项目建设。浙江温岭"民主恳谈"从最初作为一种思想政治工作方式,到被纳入公共政策制定过程,再到引入乡镇人大,并升格至市级政府部门,逐步建构成了多领域、多渠道的基层协商民主制度体系。浙江象山的"村民说事",后续陆续新增了"村务会商""民事村办""村事民评"的协商内容。

第四，不断改进和创新协商形式与技术。从各地的实践来看，会议式协商、入户式协商、听证式协商、专题式协商、网络式协商多种协商民主形式层出不穷，协商民主活动开始从政府办公大楼走向农村社区、走进民众的家中。尤其是随着网络技术的发展，以及当前人口迁移的大趋势，网络协商成为听取民意汇聚民智的重要手段和平台。

我国各地区在推进协商民主从个别创新、典型示范到逐步推广的渐进发展过程中，总是遵循着以下两项原则：一是因地制宜原则。如前所述，我国农村基层协商民主的发展总是遵循着因地制宜原则。在典型推广的过程中也是如此，体现出较强的针对性。由于我国幅员广阔，因此各地区不仅在自然条件等方面存在较大差异，也形成了不同的风俗习惯。加之各个村落规模大小不一，面临的矛盾和冲突也各不相同。因此，在学习典型的过程中，必须做到因地制宜，根据当地的实际需要对协商民主模式作出适应性改变。如天津市宝坻区在推进村级"民主协商议事会"时，首先在全区各街镇开展试点，以检验是否符合实际工作需要；河北青县的"村民代表会"也是采取了逐步在全县范围推广的做法，这也充分体现了我国农村基层协商民主建设在实践中的谨慎态度。二是尊重群众首创精神的原则。在我国农村基层协商民主发展过程中，人民群众发挥了重要的推动作用。如重庆开州区麻柳乡的协商"八步工作法"、浙江象山的"村民说事"和河北青县的"村民代表会"最初都是源于人民群众的强烈需求而产生的，也是在和人民群众共同摸索的过程中逐渐确定下来的。事实上，我国农村基层协商民主的探索体现出了鲜明的从群众中来、到群众中去的特色，通过鼓励人民群众共同参与探索创新，创造出更符合人民群众需求的协商民主形式。

当然，在我国协商民主采取从个别创新、典型示范到逐步推广的渐进发展过程中，也应设置相应的保障机制，以确保协商民主方向不走偏。主要可以分为以下三类保障机制：

一是政治保障机制。在推进农村基层协商民主发展的过程中，必须始终确保协商民主的政治方向不偏、政治立场不移。因此，乡镇基层党委和农村党支部应肩负起在政治上领导农村基层协商民主培育与发展的职责，不断畅通乡镇基层党委和农村党支部领导协商民主发展的渠道；乡镇基层党委和农村党支部在培育协商民主主体的过程中，推进思想理论教育工作，使多元参与者坚定理想信念。建设协商民主的政治保障机制，也是确保协商民主始终"姓社"、保证具有中国特色的社会主义协商民主的内涵和特征得以有效体现的重要前提。

二是制度保障机制。尽管当前我国许多地区的农村基层协商民主建设实践仍停留在摸索阶段，缺乏相应的凝练出来的制度化成果。但是在未来推进农村基层协商民主广泛发展的过程中，应当及时将优秀的协商实践成果提炼成为制度化规定，明确协商的程序设计。这将有助于协商民主优秀成果的广泛运用。同时，在推进农村基层协商民主逐渐推广的过程中，也应严格按照党和国家关于社会主义协商民主的各项方针政策进行，应当在宪法、法律和规章制度规定的范围内开展，确保农村基层协商民主的推广平稳有序进行。

三是法律保障机制。在推进农村基层协商民主的过程中，一些地方之所以出现协商议题缺乏针对性、协商秩序混乱、协商程序不合法等现象，一个很重要的原因，就是没有将依法协商落实到位。在发展农村基层协商民主的过程中，必须始终在宪法以及其他相关法律规范的范围内进行，在议题选取、参与者组织、协商参与、制定决策以及监督等环节都要体现我国宪法规定的人民当家作主地位，都要符合相关法律规范的规定。在此过程中，应当尽快制定完善协商民主相关法律规范，乡镇基层政府也应当肩负起监督法律落实的责任，确保农村基层协商民主的开展合法、合规，既要做到程序合法，也要做到实质合法。

四是条件保障机制。在农村基层协商民主逐渐推广的过程中，乡镇基层党组织和政府也应做好相应的条件保障工作，在硬件条件上，为农村基层协商民主的开展尽可能地提供充足的资金和场地；在软件条件上，一方面，乡镇基层党组织和政府应当充分发挥自身的组织力、号召力和影响力，鼓励更多的农民群众积极参与到协商民主的过程中；另一方面，在专家人才支持上，应尽可能地满足协商民主活动开展的需要等。良好的条件保障是农村基层协商民主有序推进的重要保证。在我国农村，往往由于缺乏相应的可直接支配的资金、场地等硬件条件而限制了协商民主形式的发展；也往往由于缺乏号召力和影响力，难以使协商民主活动引起广大农民群众的重视；农民群众的社会资源往往相对较匮乏，因此在邀请相关领域专家人士参与协商方面，仍有赖于基层政府的强有力支持。

总的来说，我国农村基层协商民主正处于不断发展和完善的过程中，它愈发成为实现人民民主权利的重要方式，愈发成为政府制定科学决策的重要渠道，愈来愈在乡村治理的过程中发挥重要作用。但也应看到，虽然我国农村基层协商民主的建设已经取得了较大的进步，但也存在许多不足，这包括：第一，真正具有理性自觉意识的农村基层协商民主仍然处于初步的探索阶段。如前所述，从浙江温岭的"民主恳谈"创始到现在仅仅有二十多年的时间，我国"基层协商民主"的正式提出也不过十年多时间。农村基层协商民主在我国的深耕仍有漫长的道路等待着前行者的探索。第二，在中华传统文化中，等级观念和官本位思想在中国已经延续了数千年，并非一朝一夕能够改变。目前在中国部分地区的农村基层协商民主的实践中，官本位思想仍然以显性或者隐性的方式存在着，以协商民主之名行官本位思想之实。因此，尽管我国农村基层协商民主已经出现丰富多样的实践形式，但从实现协商的民主价值的角度看，在中国农村社会广泛培育农民群众的民主意识和政治参与能力、推进农村基层协商民主从根本上成为维护人民当家作主权利的民主形式仍然任重而道远。

第六章
当前农村基层协商民主治理创新存在的局限性

实践表明,各地开展的农村协商民主提升了乡村基层治理的有效性,明显缓解了改革与发展中的社会矛盾,维护和保障了农民权益,激发了农村基层民主活力,扩大了农民及农村其他各类主体的有序政治参与。目前,我国农村基层协商民主正在不断向前发展,已成为我国乡村社会的重要治理形式。然而,由于在我国农村地区的协商民主探索仍未成熟,因此必须正视协商民主运行过程中存在的问题与不足,及时总结和理性反思,才能保证农村协商民主的健康发展。

一、农村协商民主的基本规范和程序性有待增强

习近平总书记在庆祝中国人民政治协商会议成立 65 周年大会上的讲话指出:"必须构建程序合理、环节完整的社会主义协商民主体系,确保协商民主有制可依、有规可守、有章可循、有序可遵。"❶ 党的十

---

❶ 习近平:《在庆祝中国人民政治协商会议成立 65 周年大会上的讲话》,《人民日报》2014 年 9 月 22 日。

八届四中全会通过的《中共中央关于全面推进依法治国若干重大问题的决定》进一步强调:"加强社会主义协商民主制度建设,推进协商民主广泛多层制度化发展,构建程序合理、环节完整的协商民主体系。"❶这些论述,为我国社会主义协商民主制度发展指明了方向。

如前所述,近二十年来,各地纷纷开展以协商民主推动农村基层治理的机制创新,协商民主与乡村治理机制的形式多种多样,在一定程度上固然契合了各地的实际情况,但尚未形成具有普遍性和可推广的规范程序。协商方式的程序性问题是协商民主实践中的一个关键问题,也是协商民主制度设计的一项重要原则。没有程序化的协商制度作保障,协商民主活动便可能走向失序,等于宣告协商终结。而农村基层协商民主在实践中暴露出来的一些问题,也对协商民主的制度化、程序化发展提出了要求。

第一,农村基层协商民主的内涵仍有待明晰。农村基层协商民主作为中国特色社会主义协商民主的重要组成部分,其民主价值毋庸置疑。然而,目前对基层协商具体谁来组织、谁来参与、如何选定议题、如何具体开展协商以及如何监督协商结果的实施等,都没有十分明确的规定,而且往往在不同地区这些问题有不同的表现形式。农村基层协商民主的内涵与程序的模糊性,可能会在协商过程中滋生各种形式的非制度化行为,必然影响公众在协商民主中的有序参与。

第二,农村基层协商民主的探索仍不系统。目前,我国农村基层协商民主的探索是十分丰富且多方面、多层次的,但基于目前尚未有成熟的制度化规定的现实,这也暴露出来一个问题,即目前对农村基层协商民主的探索仍不系统。目前,农村基层协商民主的探索既有在农村层面的协商,也有在乡镇层面的协商;既有专题协商,也有监督干部的民主

---

❶ 《〈中共中央关于全面推进依法治国若干重大问题的决定〉辅导读本》,人民出版社,2014年,第13页。

评议会；既有村民大会式的协商，也有村民代表大会式的协商。总体而言，这些探索是有价值、有意义的，但仍未针对农村基层协商民主的系统性建构总结和提炼出具有普遍适用性的经验和启示。

第三，一些地方的农村基层协商民主仍未固定化。制度化水平较低带来的后果之一就是协商民主开展的不确定性。也就是说，开展基层协商民主，缺乏固定的时间和地点，只是较随意地在需要时象征性召开。如在浙江温岭"民主恳谈"制度实践的过程中，由于更换基层政府领导，协商民主的实践一度处于停滞。因此，缺乏制度化的农村基层协商民主，极其容易变成一种依靠基层干部的自觉才能得以组织的民主政治形式，也极其容易因为基层干部的个人想法的变化而发生偏废，甚至可能在协商过程中产生各种不合理的行为却缺乏相应的规范来进行约束。

第四，一些地区的协商民主活动演变成"走过场"的"情况通报"。由于缺乏制度化的硬性规定，加之未能有效理解协商民主的价值，许多基层干部缺乏对这一民主政治形式的足够重视，往往想着走个过场就完事。这样的直接后果就是，本来是多元主体平等、理性协商的过程，却变成了"情况通报"的表决现场。群众参与了，但却对协商结果没有产生任何影响，协商流于形式。

为此，必须对协商流程进行总体设计，给出基本路线图，保证协商不偏离正轨。不同地区的农村基层协商民主的程序设计存在一定差异是正常的，但应该具有基本的原则性的运行规范。只有共性和个性相统一，才能保证农村协商民主的健康长远发展。国家相关部门应该系统梳理和总结各地农村协商民主与基层治理经验，形成可推广的做法，上升为法律法规并及时颁布，引导和规范实践，保障中国农村协商民主与基层治理创新的健康发展。

二、农村协商民主的治理机制创新带有一定的工具性色彩

协商民主理论最初在西方社会的诞生就是为了实现真实的民主,它的基本前提是主体平等和自由。没有平等就没有真正意义上的协商和对话;没有自主性就谈不上主动参与和影响决策,也就更谈不上实现真正的民主。因此,在构建中国特色社会主义协商民主的过程,也应当注重遵守协商民主的基本价值。

从我国协商民主的典型实践案例来看,我国有些地方农村协商民主的动力主要源于解决现实问题的需要,即解决农村社会的矛盾与冲突、维护乡村社会秩序稳定。可以说,我国农村基层协商民主在实践中体现出了一定的工具性色彩。我国农村基层协商民主机制的工具性价值追求主要体现在以下三个方面:

第一,解决乡村社会存在的各种矛盾与冲突,建构乡村治理的有序局面。我国各地农村基层协商民主的诞生往往都是源于解决矛盾和冲突的需要。随着我国经济社会的快速发展和社会结构的不断变化,新的社会群体和阶层不断产生,必然提出多元化的利益诉求;城镇化和工业化的快速推进,使得农村土地纠纷、劳动力流失、集体经济利益分配失衡等矛盾和冲突也不断呈增长趋势。而以往基层民主选举选出的仅仅只是执行决策的人,并不能制定缓和社会矛盾的决策。基于此,通过平等、理性协商从而有效消除分歧、达成共识的协商民主在我国农村得到了广泛应用。

第二,制定科学的、合理的公共决策。协商民主是一种能有效回应多元文化社会认知的民主治理形式。它鼓励参与者理性表达诉求,强调参与者对于公共利益的责任,在协商过程中促进参与者之间政治话语的相互理解。因此在乡村治理中,协商民主是广泛收集民意的重要方式。广大农民群众通过协商舞台,平等地、理性地表达自身利益诉求,有助

第六章 当前农村基层协商民主治理机制创新存在的局限性

于真实地反馈民众心声。同时,协商民主也是促进科学决策的重要举措。之前,政府作为单一的治理主体独自承担对社会的治理职能,难免出现一定的不全面、不深入等现象,从而使行政工作脱离人民群众的所急、所难、所想。而协商民主将多元主体平等地纳入决策过程中,从而使多元主体的利益诉求都能得到充分的考虑。在强调公共利益的基础上,多元利益不断得到整合,支持利益诉求的理由不断得到论证,从而最终消除分歧、达成科学决策。经由协商民主,以往民众对政策不理解、不支持的做法逐渐减少。

第三,促进社会主体间的相互监督。协商民主是由多元主体参与的民主过程。经由参与协商民主活动,广大农民群众获得了公共事务决策的权利,改变了原有的由基层政府或者村"两委"干部负责村内公共决策制定的模式。因此,协商民主能借助多元主体的参与对公共权力形成有效制约。同时,由于协商的内容通常是与广大人民群众切身利益密切相关的,加之多元参与主体在协商过程中增进了对相关政策的理解和关注,因此往往会在决策执行的过程中倾注更多的关注,对决策执行进度、预算经费执行情况等进行监督,有助于遏制乡村社会权力的滥用,缓和干群矛盾。

总的来看,各地协商民主与乡村治理机制创新的出发点总是出于解决实际问题,具有一定的工具性,而在一定程度上忽视了农村协商民主治理的价值取向。协商民主本身蕴含着丰富的民主价值,如多元主体、平等议事、结果公开等。在政治主体上,协商民主强调一切公民不分种族性别、不论职位身份、不分贫富贵贱、不分政党派别,都具有参与协商的权利。在议事过程中,要求多元主体之间地位平等,具有平等地参与协商、表达诉求和影响协商结果的权利。当多元主体利益诉求存在冲突时,协商民主明确参与主体在坚定政治立场的基础上具有不受约束的表达权利,参与者之间共同围绕公共议题展开讨论和辩论,以使自己的理由获得更多支持。在协商全过程中,规范和公开是两个重要原则。协商程序应当是规范的和公开的,应做到事前公开、事中公示和事后公开。

三、协商民主形式与扩大农村基层民主的宗旨尚有欠缺

农村基层协商民主在农村地区的应用其本质上是希望能进一步完善农村基层民主,保障广大农民群众的各项民主权利,使人民群众能够更好地参与到民主管理、民主决策和民主监督的过程中,切实维护人民群众当家作主的地位。这些目标主要是通过以下程序设计的要点来实现的:

第一,多元主体。随着社会结构的分化,多元利益主体出现并愈发成为社会矛盾和冲突的主要来源。由于多元利益主体往往具有不同的利益诉求,因此若想解决利益诉求之间的冲突,必须有一种能够最大限度满足多元主体利益需求的民主形式。这就是协商民主。选举民主虽然也是农村社会的重要民主形式,但由于选举民主本身存在一定的缺陷:受到人口数量较多、地域范围较广等因素的影响,投票者在进行投票之前往往缺乏对相关信息的了解,投票者之间也缺乏对相关议题的讨论和交流,缺乏对投票活动的理性思考和调查研究,因此选举民主往往表现为大多数人偏好的聚合。然而,大多数人的偏好并非一定是科学的,也有可能导致消极现象的出现,导致"多数人的暴政"。而协商民主则不同,协商民主是一种组织多元主体就公共议题开展协商、讨论和辩论等,在进行理性思考的基础上,形成科学决策的民主形式。在这个过程中,参与者是以公共利益为根本准则的,它尊重多元主体的不同诉求,并在维护公共利益的前提下,尽可能地找到利益的"最大公约数",尽可能地使多数人和少数人的合理诉求都能在协商结果中得到体现。因此,协商民主之所以能实现其民主价值,重要的原因之一是多元主体都能在协商过程中找寻到参与民主的意义,而不是像在选举民主中那样,

少数人可能成为多数人的陪跑。

第二,政治参与。有效扩大农民政治参与,彰显社会主义民主的彻底性,是农村协商民主与基层治理创新的价值旨归。扩大公民政治参与是协商民主的本质内涵。协商民主本质上是希望以一种合理的制度安排促进公民政治参与,从而最大程度地实现人民民主,维护人民群众切身利益。因此,在农村基层协商民主的过程中,最广大的农民群众的参与以及切实有效行使民主权利的机制是开展协商民主的题中之义。

第三,民意表达。相比于选举民主,协商民主为民众的诉求表达提供了畅通的渠道,这也是协商民主最重要的民主价值。在农村社会,农村基层协商民主不仅能帮助广大农民群众平等地、不受任何权威压制地表达利益诉求、争取自己的利益,也是党和政府在政策制定过程中反映和收集民意、民情的重要渠道。广大农民群众关心什么、希望怎么样、对公共决策有着什么样的评价、农村社会悬而未决的问题有哪些、矛盾和冲突的焦点是什么、应当如何做才能令群众真正满意,这些问题通过协商民主的实施变得更加明晰起来,成为党和国家制定农村政策的重要参考。

第四,科学决策。以往由于广大农民群众缺乏政治参与,村务管理和决策的权力往往集中在村干部、乡村精英和宗族长老等群体的手中,这可能会使权力的行使出现瑕疵,滋生出决策仅仅注重维护个人利益甚至产生腐败、贪污等现象。而在协商民主的过程中,多元主体的平等参与可以避免以往广泛存在的权力被个人操纵,从而无法实现维护公共利益的目标。在协商民主的过程中,多元主体平等地表达自己的利益诉求,参与者们在反复思考、比较和研究的基础上,基于全局的、长远的考虑,在维护公共利益的基础上,最终达成相对科学、合理的公共决策。

因此,如果农村基层协商民主在实施过程中未能有效实现多元主体的政治参与,未能为农民群众的诉求表达提供畅通渠道,并非基于人民群众根本利益的立场上做出科学决策,那么协商民主也就失去了它原本的价值。

四、有的农村协商民主治理模式存在表面化、形式化的现象

毋庸置疑,大部分农村协商民主治理的创新实验和试点值得充分肯定,它们代表了中国农村基层民主的发展方向,促进了村民自治的有效落实。但是,我们也发现,由于缺乏相应的法律制度规范,个别地方在开展协商民主的过程中投机取巧,往往只是锣鼓喧天地在表面上做做样子;实际上却根本没能真正解决问题。主要表现在以下几个方面。

一是协商民主流于形式,民众的参与只是走个过场。有的地方的农村基层协商民主由于协商程序设计不合理、对民众的宣传教育不到位、官本位思想的影响以及领导干部缺乏为人民服务的精神等原因,在开展协商的具体过程中,领导高坐在主席台上,没能放下姿态深入群众,导致许多参与者在协商过程中不敢说真话、不敢说诉求,只能违心地说一些场面话、漂亮话。领导说什么样是好的,只能跟着附和;甚至还有的地方协商参与者是事先排练好的,说什么、提问什么都已经提前做了安排。这样的协商民主不仅无法在过程中真正实现人民当家作主,在协商中不能维护人民群众根本利益,最终使协商民主流于形式,甚至还有可能加剧领导干部与民众之间的矛盾,极大地影响社会和谐秩序的构建。

二是当地基层政府对协商民主缺乏应有的重视,认为协商民主只是形式上的民主,开不开展无关紧要。由于缺乏硬性地开展协商民主的规定,有的地方象征性地组织开展协商活动,比如有的地方领导操纵协商结果,协商意见只是做可有可无的参考。这类做法往往会导致广大人民群众逐渐失去对民主的信任,对政治生活采取抵制性参与、抗议性参与、冲突式甚至暴力参与的态度。更有甚者,进一步放弃通过合法的民

主生活手段维护自身利益,转而寻求暴力等方式解决问题,导致乡村社会非制度化政治行为不断滋生。

三是协商民主的程序不规范,导致协商民主未能取得良好的成效。如有的地方协商前的信息公开不足,协商参与者无法提前获得相关信息,在协商正式开始时缺少相应的准备,无法提出切实有效的建议;有的地方开展协商活动只是匆匆走个过场,协商环节单一、协商时间安排较少,导致参与者未能充分参与讨论;还有的地方协商会议结果事先已经确定,协商只不过是走走过场而已。这些不规范、不科学的程序设计,不仅使得民众希望通过协商民主形式解决问题、难题的目标难以实现,还可能导致民众滋生不信任情绪。

四是对民众参与协商的能力与水平存在不信任、不放心的情绪,甚至害怕民众参与决策过程。如有的地方协商会议避而不谈关系到民众利益的大问题,却只讨论无关紧要的小问题。这可以认为是当地基层政府对民众的协商能力与水平的不信任,不敢将重要决策交予人民来决定;也可以认为是对协商民主形式的不信任,认为协商民主形式无法真正实现科学、合理决策的目标;甚至还可以认为是基层领导干部中存在腐败等行为,大事、重要决策总想以维护自身利益优先,不敢将重要事务交由民众进行监督。这样的协商形式,将会使民众越来越对参与协商民主失去积极性。

还有是单纯将协商民主视作政绩的秀场。这一部分人认为协商民主目前备受关注,于是也想在形式上搞一搞,博得一些关注。他们往往事先安排好媒体采访,在协商中关心的不是群众关注的种种热点、难点问题,而是关心场面和不和谐、民众配不配合等,参与协商的民众成了作秀工具。这样的协商民主毫无疑问既不能真正解决问题,又会激起民众的逆反心理,使政府失去民众的信任和支持,使民主成为空谈。

以上这些消极现象的出现,归根结底是由于部分地区的基层领导干部未能树立起以人民为中心的发展思想。他们有的未能站在民众的角度出发思考问题，去换位思考民众需要什么、怎么才能满足群众的需要，因而导致协商效果不佳。如前文提到的有的地区会议召开前不发放材料或协商时间安排过少等，没能设身处地为民众考虑问题。也有的基层领导干部漠视对人民群众根本利益的维护，他们关注的仅仅是自己的政绩如何，个人利益能否实现。因而协商民主成了他们的作秀场。和原本开展协商民主的初衷——维护人民群众的根本利益渐行渐远，人民群众的利益表达渠道被阻，乡村社会存在的种种问题和矛盾仍然悬而未决。

  这些现象的出现也有部分原因是个别地区的基层领导干部未能充分认识到协商民主的价值，把开展协商民主活动当作应付差事。他们未能意识到协商民主既是广大民众表达利益诉求的平台，也是基层政府了解民情、收集民意的重要渠道；未能意识到协商民主既是消除多元利益主体间的矛盾和冲突的重要手段，也是维护乡村社会秩序的重要举措；未能意识到协商民主既是维护和实现人民群众根本利益的舞台，也是维护公共利益、实现科学决策的平台。总的来说，目前部分地区的基层领导干部思想老旧，在组织开展协商民主的过程中，仍然喜欢用应付上级那一套来糊弄了事，这直接导致协商民主活动虽然开展了，但是却没有取得应有的成效，直接导致了人力物力的浪费，也消磨了民众对基层政府的信任与支持。

  这些现象的出现还有一个重要的原因是有些地方协商民主的开展缺乏制度规范的制约。由于缺乏规范的程序设计，我国部分农村社会出现了五花八门的协商民主组织形式。尽管这些形式多样的协商民主实践体现了各地因地制宜开发协商形式的智慧，但也可能由于缺乏规范化的程序，给人带来不权威、不可靠的印象，甚至有可能导致协商过程中非制度化行为的发生。同时，也正是由于缺乏相应的制度的约束，使得有些地方广大基层领导干部对协商民主没有权责感，认为只需要应付了事就可以，没有给予协商民主必要的重视，使得协商民主未能充分发挥其作用。此外，缺乏相应制度规范的协商民主形式由于推广后可能存在的操作不规范问题，难以大范围应用，只局限在某一地区之中，无法充分发挥各地协商民主创新实践的价值。事实上，当前出现的种种协商民主的消极现象，都与缺少相应制度规范的外在约束有关。

五、农村协商主体的协商理性和协商能力不足的问题较为普遍

在协商过程中，理性协商是达成科学、合理决策的前提与基础，这就必然要求协商主体具有一定的协商意识与协商能力。协商意识是指协商主体对协商活动的功能与作用的认识，由此能够以理性代替以自我为中心的立场与态度，从而在平等、有序地参与对话的过程中不断增进共识，进而达成公共利益最大化。协商能力是指协商主体应具有的表达能力、沟通能力、思考能力以及判断是非的能力等。当前，在我国农村协商民主实践中，协商主体的协商意识与能力不足的问题仍较为普遍。

在协商组织者方面，由于协商民主的推进将打破原有乡村社会结构和利益格局，这意味着原本在乡村社会掌握话语权、居于强势地位的乡村精英、宗族长老和村干部等的权威被削弱。相反，广大农民群众在一定程度上成了乡村社会管理与决策的重要力量。因此，在我国农村基层协商民主的实际推进过程中，部分村干部考虑到协商民主机制推进会削弱自己权威和利益，因而消极抵制推行协商民主。事实上，在我国部分乡村社会原有治理格局中，由于民主管理、民主决策和民主监督往往流于形式，农民群众通过民主选举选出村干部人选后，对乡村社会的事务管理和重要决策鲜有参与。这也就是说，民主选举只是选出了村干部，选出了做决策的人，而没有选出符合村民诉求的决策和村务管理方式。民主参与的匮乏也给村干部带来了更多权力和权威：村务管理和重要决策由村干部或者村干部与乡村精英、宗族长老共同商量决定，村干部掌握了农村社会中的绝大部分权力。于是，部分缺乏为民服务意识的村干

部开始利用手中的权力谋求个人利益最大化，甚至滋生出腐败、贪污等不良现象。协商民主在农村社会的推行意味着民主管理、民主决策和民主监督有了新的畅通渠道，广大农民群众可以参与到村务管理和重要决策的制定中。由此，村干部的权力和权威在一定程度上被减弱，部分村干部基于该原因，对于农村基层协商民主采取了抗拒的态度，不愿组织或是只走过场。

还有部分村干部由于不具备与村民和其他农村组织直接对话协商的能力，或认为协商民主活动组织起来难度太大，存在畏难情绪，从而对治理过程中存在的种种问题采取了顺其自然、放任自流的态度，因而导致出现了"有事不议"的现象。事实上，在我国农村社会，有些村干部存在一些共性问题：由于文化程度不高，因此理论水平相对较低，对党在农村的各项方针政策存在领会不全、把握不准的现象，更难以结合农村实际情况创造性地贯彻执行；年龄相对较大，思想保守、观念陈旧，缺乏开拓进取精神，存在着"老办法不顶用、新办法不会用、硬办法不敢用"的现象，办事情畏首畏尾。这些现象的存在是与农村社会普遍存在的社会问题相联系的：由于农村青年劳动力的大量外流，村干部选人用人的范围较小，只能从留守农村的中老年人中选择；村干部的培养机制不完善，缺乏针对村干部的专门培训，尤其是缺乏后备人才的培养。由于协商民主意味着组织更多的村民群众参与民主管理、民主决策和民主监督，因此相对来说行政成本较高。这使得一些村干部开始打退堂鼓，觉得多一事不如少一事，惰于组织协商民主活动。

在协商主要参与主体，即广大农民群众方面，也存在种种原因影响民众的协商理性的培育和协商能力的提升，成为制约农村基层协商民主广泛实施的重要因素。广大农民群众的协商理性和能力不足表现为以下方面：

首先是参与意识不强。影响民众政治参与意识的原因是多方面的：一是在思想意识上未能认识到民主参与的重要性。在我国，公民依法拥有知情权、言论权、参与权、监督权、选举权和被选举权等民主权利。在村民自治中，民众的政治参与主要是指村民通过各种合法的方式参与民主选举、民主管理、民主决策和民主监督。然而，由于许多村民仍然是地地道道的农民，相比于政治参与，他们更加关心农作物的长势、家畜的肥瘦。加之在我国农村地区普遍存在文化教育水平较低的现象，因而他们对民主政治的理解往往不那么深刻，造成他们缺乏对政治参与的渴望，对国家的相关方针政策也缺乏了解。二是对政治参与有畏惧心理。在中国传统政治文化中"服从""保守"等文化对村民的政治参与积极性产生了重要影响。他们习惯于服从、听从安排，而不是希望将决策交由自己决定。加之部分农民由于长期以来缺乏政治参与，缺乏对自己参与政治生活的信心，久而久之，愈发不敢主动参与政治。三是由于对农村协商民主的实效性的信心不足，部分农民群众对协商召集者存在不信任心理，部分村民甚至对协商采取了冷漠的态度。

其次是公共意识欠缺。正如马克思所言，人的本质"是一切社会关系的总和"❶。任何时候，个体都不可能脱离社会关系独立存在，民主权利始终要在社会框架里才能得到伸张，个人的利益诉求也只有在协调处理社会关系的过程中才能实现。然而，由于长期以来受到小农意识的影响，部分农民群众在协商议事的过程中缺乏从社会整体利益、集体利益出发思考问题的大局观念和集体主义精神，对有益于自己的、能获得眼前利益的提案就强烈支持，对可能暂时触及自身利益的提案就强烈抵制，而这一协商过程中的理性缺失现象，也可能导致公共利益的受损，这使得协商民主难以实现其成效。

最后，部分农民群众的协商能力较低。当前，由于部分农民群众受教育程度偏低，因此在协商过程中无法准确、有效地表达自己的诉求与意见，也难以驾驭形式多样的协商程序。加之，部分农民群众仍存在

---

❶《马克思恩格斯文集》（第一卷），人民出版社，2009年，第501页。

"随大流"意识、盲从心理和保守思想,他们一方面不敢轻易判断什么提案是科学的、合理的,因此不敢大声表达自己的意见;另一方面,又往往希望村里有声望的人在议事过程中能替他们做主,认为只需被动接受即可。

上述问题不仅导致各地农村协商民主实践中经常出现"事难议""议难决""决难行"的现象,而且使得各地农村协商民主实践不同程度地存在搞形式、走过场的消极情况。在新时代推进农村基层协商民主的过程中,必须采取相应的举措克服现存的不足与问题,建构起一套科学规范、行之有效的农村基层协商民主运行机制和制度体系。

第七章
推进协商民主赋能乡村治理的基本思路与对策

当代中国农村基层协商民主与乡村治理的实践实际上是马克思主义群众观点和党的群众路线在我国政治领域中的具体运用和体现，它紧密围绕中国农村社会发展的具体实际而逐步实现自身的发展。通过调查研究和历史梳理，我们仍可挖掘出有利于新时代乡村治理和实现乡村振兴的经验与启示。

一、坚定制度自信：协商民主是一种合乎国情和乡情的治理形式

回顾当代中国特色社会主义协商民主的发展过程，我们可以发现，协商民主在我国的产生和发展，归根结底是由中国具体政治、经济、文化和社会条件所决定的，是中国共产党带领中国人民所做出的历史选择。中华人民共和国成立初期，伴随着人民共和政体的建立，人民民主权利在全国的普遍确立成了亟待确认的问题。在我国农村地区，由于长期以来饱受封建地主阶级和资产阶级的压迫，许多农民群众仍保留有诸多保守观念，这些根深蒂固的传统小农思想在一定程度上影响了农民积

极性的调动，增加了党在农村政权建设中的难度。因此，为培育农民群众参与政治生活的当家作主意识，这一时期，党在农村基层社会广泛建立了类似"协商民主"的基层议事机构，保障了农民群众的人民主体地位。在改革开放后，社会主义市场经济体制逐步确立，人民群众的利益差别也得到了明确确认。随之而来的是，农村社会利益逐步分化，出现了多元利益主体，如何寻求"利益的最大公约数"成为一个难题。为协调农村社会利益，这一时期，包括浙江温岭等在内的多个典型，自发探索了在党和政府主导下的农村基层协商民主的新路子，成为我国农村基层协商民主发展史上的一个重要里程碑。党的十八大以来，我国社会主义协商民主在民主政治中的地位得到了正式确认。我国农村基层协商民主积极配合在乡村振兴背景下乡村治理的纵深发展，不断创新协商形式，开创了农村基层协商民主建设的新局面。事实上，在社会主义建设的过程中，由于思维方式、行为习惯以及职业等不同，在整合社会权益时难免会出现分歧，但这绝不是敌我矛盾，而是人民内部的矛盾，因此矛盾的化解必然不能采取斗争的方式，而只能采取协商的方式。这种民主政治形式以其特有的平等、尊重、理性、包容的内涵，在革命、建设的过程中有效团结了社会各界力量，促成了社会主义新中国的建立和发展。在改革开放后，面对国际国内社会的激烈变化，我国平稳推进中国特色社会主义建设的重要经验之一就是始终坚持以协商民主的方式来解决人民内部矛盾。

　　社会主义协商民主在我国有根、有源、有生命力。[1]尽管21世纪以来国内学界才引入协商民主理论，但协商民主的实践在我国早已有之。事实上，中国特色社会主义协商民主是真正适合我国国情的民主政治形式之一。

---

[1]《习近平主持召开中央全面深化改革领导小组第六次会议 强调学习贯彻党的十八届四中全会精神 运用法治思维和法治方式推进改革》，《人民日报》2014年10月28日第1版。

首先，农村基层协商民主在我国具有深厚的文化基础、理论基础、实践基础和制度基础，成为协商民主融入中国政治体系的重要前提。

一是中国特色社会主义协商民主深深根植于中华优秀传统文化的沃土。中国哲学历来重视"和"的精神，孔子提出"君子和而不同，小人同而不和"，孟子认为"天时不如地利，地利不如人和"。中国传统文化中的"和"与"合"对中国政治文化产生了重要影响。总的来说，中国的政治文化体现出和合文化的鲜明特征，强调集体利益、互利共赢、兼容并蓄、和而不同、求同存异，倡导以德服人、以理服人等，这为我国农村基层协商民主的培育和发展提供了深厚的文化土壤。

二是中国特色社会主义协商民主是在马克思主义治理理论、民主理论等的科学指导下，充分践行党的群众路线、统一战线思想的产物。因此，中国特色社会主义协商民主是中国共产党和中国人民结合中国具体实际进行的伟大创造，是真正适合于中国特色社会主义民主政治建设需要的理论和实践成果。而这些科学理论也同时是中国和中国共产党的指导思想。因此，中国特色社会主义协商民主与国家意识形态是相契合的，具有坚实的理论根基。

三是中国特色社会主义协商民主是中国共产党团结带领全国各族人民在长期革命、建设和改革的过程中逐渐探索和发展起来的，是中国共产党人探索民主政治建设的智慧结晶。在我国，曾经在不同时期产生过形式多样的协商实践，在特定时期取得了较好的治理成效，团结了社会各阶级，维护了人民群众的政治权利。因此可以说，中国特色社会主义协商民主在中国社会已经有了一定的历史积淀，具有深厚的实践基础。

四是农村基层协商民主也具有深厚的人文基础。长期以来，面朝黄土背朝天的单纯环境造就了中国农民诚实、淳朴、善良和正直的性格。同时由于在乡村共同体中长期共同生活，加之中国农村内部宗族关系、家族关系、姻亲关系、邻里关系相互交错，身处于这种"熟人社会"中的广大农民群众往往更加强调"以和为贵""邻里互助"，注重人与人之间的沟通和让步。这些都为协商民主在乡村社会中的有效运用提供了较好的社会环境。

其次，包括农村基层协商民主在内的中国特色社会主义协商民主也是适合我国国情的，它与中国现有的政治制度和政治生态实现了较好的衔接与照应，从而能更好地在中国大地上落地实施。

一是协商民主所强调的真实民主与人民当家作主的社会主义民主政治的本质和核心相契合。在中国，人民是国家的主人，享有知情权、参与权、表达权、监督权。在自20世纪80年代开始在我国农村推行的村民自治制度中，规定了广大农民群众享有参与民主选举、民主管理、民主决策和民主监督的权利。关于人民各项民主权利的规定，与中国特色社会主义协商民主的精神内核相吻合。协商民主强调多元主体平等和理性地参与到协商、讨论和辩论中，在提升人民群众政治参与水平的同时，实现科学管理、决策和监督。而正是因为协商民主的内涵与我国人民当家作主的人民主体地位相符，与中国特色社会主义的国家属性相适应，所以才能得到迅速地培育和推广。相比于西方社会，其所谓的民主实际上是虚伪的民主，是被资本所把控的民主，而不是广大人民群众的民主，因此协商民主在西方社会未能得到广泛推广，仅仅停留在小范围的理论研究和实践上。

二是协商民主契合了广大人民群众日益增长的政治参与需要。步入改革开放以来，我国广大人民群众的政治参与需要不断增长，于20世纪80年代设立了村民自治制度，规定了广大村民自我管理、自我教育和自我服务的各项民主权利。然而，"四大民主"的实施效果在我国农村具体的政治实践中却不容乐观：几年一次的民主选举声势浩大地展开，而民主管理、民主决策和民主监督效果一般。而与此同时，中国社会也在不断地实现发展与变革，新的利益群体不断涌现，公共管理和公共决策水平越来越直接影响广大人民群众的根本利益。为此，广大人民群众迫切地要求切实实现自身各项民主权利，从而在民主参与的过程中维护自身利益,协商民主应运而生。可以说,正是人民群众日益增长的政治参与需要,为协商民主提供了广阔的舞台。在引入协商民主的过程中,它也与乡村社会原有的民主政治形式实现了有效的衔接与融合,实现了"1+1>2"的效果。

三是中国共产党的领导有力推动了农村基层协商民主的发展。在社会主义中国,共产党是领导一切的,农村基层协商民主也不例外。事实上,尽管西方协商民主并没有在程序上确认政党的领导,但协商民主形式本身其实并不排斥政党的领导,相反的是,它强调要有强力有的组织者,以避免协商活动的失序。在当前我国农村基层协商民主的发展阶段,基层党组织仍扮演着重要的引导者、组织者和保障者的角色,在某些地区,基层党组织承担着制定相关制度规范、开展前期调研、征集议题、组织协商、监督实施等重要功能。正是因为有了党中央的各项政策保证和强有力推动以及基层党组织的全方位保障,我国农村基层协商民主才能得到快速培育与发展。

四是长期以来的村民自治活动培育了广大农民的基本政治素养。在改革开放以前,由于受封建文化和较封闭的农村社会环境的影响,中国农民在政治上普遍采取"保守"的态度,在政治参与上体现出不敢参与、不愿参与、不会参与的突出特征。在改革开放以后,随着农村村民自治制度的逐渐确立,中国农民开始在最广泛和最直接的意义上管理自己的事务。在进行自我管理、自我教育和自我服务的过程中,中国农民的政治素养不断得到提升;农民的参与意识不断增强、参与能力不断提高;在参加民主选举、民主决策、民主管理和民主监督的过程中,参政议政能力也不断提升;农民对国家重要方针政策、法律知识、制度规范的理解更加深入;农民的参政信心不断增强。可以说,村民自治为协商民主在中国的顺利开展提供了重要的前提条件,为能更好地鼓励广大农民参与协商民主活动奠定了坚实基础。

因此,协商民主在中国的广泛发展并不是巧合,而是基于中国基本国情与现有政治制度有效衔接的结果。它在中国既有政治体制下,在中国共产党强有力的推动下,充分发挥了扩大人民有序政治参与的功能,并与村民自治制度实现了有机融合,切实有效地保证了人民当家作主权利的实现。这就决定了协商民主在中国的运行与发展具有鲜明的中国特色。事实上,在中国特色社会主义民主政治范畴,协商民主本质上是人民当家作主得以有效运行与实现的重要形式,它既包含人民民主的本质规定,也包含协商民主的内在规定。总体而言,当前我国农村基层协商民主的发展具有以下的突出特征:

第一,具有突出的政治性。在社会主义中国,中国共产党是我们各项事业的领导核心,马克思主义理论是我们立党立国的根本指导思想。中国特色社会主义协商民主作为社会主义中国的重要制度设计,也必须在各环节始终坚持中国共产党的领导和马克思主义理论的指导。中国共产党在中国社会的领导核心作用以及其自身的强大的政治领导力、思想引领力、群众组织力、社会号召力,是中国特色社会主义协商民主得以顺利展开的重要政治基础。可以说,中国共产党的领导是农村基层协商民主得以有序推进的坚强后盾和保障,也是协商民主方向不跑偏的重要保证。而对于中国共产党来说,协商民主是在多样化社会巩固和发展领导地位的重要民主政治形式。❶ 这是因为,通过协商民主尤其是开展基层协商民主有助于深入贯彻党的群众路线,在坚持问政于民、问需于民、问计于民的过程中,了解民众的心声和需求,真正做到从群众中来到群众中去。同时,通过开展基层协商民主活动,有助于协调和整合多元主体的利益,维护社会秩序健康稳定;也有助于产生科学、合理的决策,推动经济社会持续健康快速发展,从而为巩固中国共产党的领导地位奠定坚实基础。因此,在我国农村基层协商民主开展的过程中,要自

---

❶ 林尚立:《协商民主是符合中国国情的民主实现形式》,《人民日报》2016年8月31日第7版。

觉运用马克思主义的立场、观点和方法去认识问题、分析问题和解决问题，必须始终坚守意识形态的阵地、坚决维护党中央权威和集中统一领导。这是中国协商民主得以开展的重要政治基础。

第二，由零散地实践到逐渐实现制度化。尽管目前我国大多数地区的农村基层协商民主实践仍然处于初步探索阶段，还存在一些不规范现象。但是，推进农村基层协商民主制度化的工作已经在逐步进行。如温岭市出台了《中共温岭市委关于党内民主恳谈的若干规定（试行）》、北京朝阳区制定《关于开展党政群共商共治工程的方案》《党政群共商共治工程操作手册》、重庆开州区麻柳乡将协商实践提炼出"八步工作法"并进行推广等。基层协商民主的逐渐制度化表明协商民主的价值正在得到重视和肯定，基层协商民主愈发成为我国乡村治理的重要渠道和方式。

第三，使基层治理过程趋向软化。过去，在自上而下的单向度权力运行模式中，人民群众往往只是扮演被动接受的角色。而协商民主由人民群众进行诉求表达，得到了人民群众的充分认可之后才能加以实施，而不是直接强制性使用。因此，这种经过民主协商共议的过程形成公共决策的民主形式，其本身就已体现了权力运行软化的特点。同时，协商民主是由多元主体平等参与的民主政治形式，它的目标之一就是要通过协商来协调和整合不同的利益需求，从而最大限度地满足不同利益要求。这本身就是不断地宽容、妥协和重塑的过程。

第四，政治结构从纵向向纵横结合发展。有学者认为，政治有纵向性与横向性之分。纵向性体现为权力、统治、命令、强制、政府、国家；横向性体现为公众舆论、参与、选举、公民表决。❶ 显然，协商应

---

❶ 林尚立：《协商民主是符合中国国情的民主实现形式》，《人民日报》2016年8月31日第7版。

当属于横向性政治的范畴。因此，随着社会主义协商民主的广泛开展，强调公民政治参与的横向因素将不断增长，这既是"治理"的内在要求，也意味着我国民主政治运行结构的不断完善。

事实上，一种民主形式是否真正符合国家的需要，应当以它在治理中带来的成效来判定。我国社会主义协商民主作为人民民主的重要形式，在国家治理的过程中展现出独特优势，彰显出巨大优越性。其中，农村基层协商民主在提升人民民主、化解矛盾与冲突和促进乡村善治方面发挥了重要作用。

农村基层协商民主切实保障了广大农民群众当家作主的权利。习近平总书记指出，保证和支持人民当家作主，通过依法选举、让人民的代表来参与国家生活和社会生活的管理是十分重要的，通过选举以外的制度和方式让人民参与国家生活和社会生活的管理也是十分重要的。[1] 这就要求在实现民主选举的同时，也要注重广大人民群众参与决策、管理与监督的权利。因此，必然要求要在人民内部各方面进行广泛协商。其中，农村基层协商民主强调农村社会多元主体平等地、理性地参与公共事务和公共决策的协商、讨论与辩论，并能有效地影响关于公共议题的协商结果，由此实现决策、管理与监督的民主权利。可以说，农村基层协商民主在乡村共同体中建构起了一个全体村民平等对话、共同管理村务的平台。农村的事务怎么办，农民群众说了算。农村基层协商民主切实丰富了基层民主建设的形式、提升了基层民主建设的品质，有效保障了广大农民群众当家作主的权利。

农村基层协商民主有效提升了乡村善治水平。正如习近平总书记所指出的，"在人民内部各方面广泛商量的过程，就是发扬民主、集思广益的过程，就是统一思想、凝聚共识的过程，就是科学决策、民主决策

---

[1] 习近平：《在庆祝中国人民政治协商会议成立65周年大会上的讲话》，人民出版社，2014年，第14页。

第七章 推进协商民主赋能乡村治理的基本思路与对策

的过程,就是实现人民当家作主的过程。这样做起来,国家治理和社会治理才能具有深厚基础,也才能凝聚起强大力量。"❶ 农村基层协商民主对促进乡村治理科学化、规范化发展具有重要作用。首先,农村基层协商民主鼓励广大农民群众在协商过程中平等讨论、公开协商,这有助于集中反映人民群众的意见与诉求,广纳群言、广集民智,克服以往在公共事务管理和公共决策制定的过程中忽视调查研究、与人民实际需求不符的现象,为在治理过程中的各类决策提供民意的视角。其次,协商意味着以往治理权力往往由村干部、乡村精英掌握的失序现象,转变成了治理权力由广大农民群众参与支配的现状。因此,这有助于预防村干部们为了追求个人利益而导致的权力滥用、腐败等现象,有助于对公共权力进行有效监督。最后,在参与农村基层协商民主的过程中,广大农民群众增进了对公共事务和公共政策的理解,有助于在具体实施的过程中,给予更充分的配合,提升乡村治理的效率。

农村基层协商民主较好地化解了乡村社会存在的矛盾与冲突,构建起健康的乡村社会秩序。习近平总书记指出,我们坚持有事多商量,遇事多商量,做事多商量,商量得越多越深入越好,就是要通过商量出办法。❷ 农村基层协商民主鼓励广大农民群众在协商过程中在交换意见的基础上实现有效的沟通与交流,寻求利益的"最大公约数",消除分歧、凝聚共识,从而形成更加科学、合理的决策方案。以往在矛盾爆发后由于缺乏正确引导而滋生的非制度化现象,在平等协商的过程中使广大农民群众的情绪得到了疏解,也在理性沟通与交流的过程中增进了村干部与农民群众对彼此的理解。因此,农村基层协商民主的开展有助于化解矛盾冲突、促进乡村社会的和谐稳定。

---

❶ 习近平:《在庆祝中国人民政治协商会议成立65周年大会上的讲话》,人民出版社,2014年,第14页。
❷ 《习近平主持召开中央全面深化改革领导小组第六次会议 强调学习贯彻党的十八届四中全会精神 运用法治思维和法治方式推进改革》,人民日报2014年10月28日第1版。

由此可见，包括农村基层协商民主在内的中国特色社会主义协商民主是真正按照实现人民当家作主的要求，切实保障人民各项民主权利而设置的政治形式，体现出鲜明的科学性，是具有中国特色的先进民主政治形式。因此，当前我们应当在不断丰富协商民主形式，构建多层次、多渠道的协商民主网络体系时做到以下几点。

首先，进一步厘清基层多元治理主体关系边界，建构"乡政"与"村治"协调配合的协商机制。在开展农村基层协商民主之前，必须界定好基层党组织、基层政权和基层自治组织边界，在此基础上根据各组织机构职责构建相对应的协商对话机制。如浙江温岭根据不同层次的协商分别划定了七种协商民主类型：有由市镇两级政府主持召开的政府决策协商，有党内的民主恳谈制度，也有人民政协的政协议政协商，还有专门针对农村和社区的村务社区事务协商，甚至组织了专门围绕某一类问题的财政预算协商、工资集体协商和社会对话协商。

其次，注重多协商渠道的衔接配合，实现政党协商、人大协商、政府协商、政协协商、人民团体协商、基层协商、社会组织协商的有机互动。如可以考虑基层人大代表、政协委员等以个人身份加入基层协商之中，这有助于人民群众真实需求的向上反馈，使人民群众的诉求在人大协商、政协协商和其他协商中也得到体现，实现基层协商民主在协商民主体系中的基础作用。❶ 也可以考虑由政协发挥政协协商经验丰富的优势，帮助基层协商设置合理的协商程序和制度，针对基层协商的开展提出合理化建议，同时，发挥政协参政议政职能的优势，将一些共性的问题转化成提案，在市县层面推动相关政策的出台，让基层协商发挥更大作用。

最后，需进一步丰富基层协商形式。注重协商形式和协商内容相匹配，以协商议事会议为主，灵活运用调研、入户、提案、民主监督、会

---

❶ 李德虎：《走出基层协商民主发展的瓶颈》，《学习时报》2016年3月24日第4版。

议协商、书面协商、网络协商等多种形式，实现面对面沟通协商、线上线下互动协商、场内场外联动协商，形成有事好商量、众人的事情由众人商量的秩序和氛围。如可针对农村地区青壮年劳动力大量流入城市的现象，探索"互联网+基层协商"的方式，使之跨越空间界限，搭建多元主体协商对话新平台，提高协商时效、扩大协商覆盖面。

民主的实质是公民的有序政治参与。因此，在未来的社会主义现代化建设中，必须始终坚持对社会主义协商民主制度的自信，坚定不移地推进协商民主在乡村治理过程中的实施。

二、调动多元利益主体积极性，激发农村基层协商民主治理动力

调动农村多元利益主体的积极性，激发农村基层协商民主的内生动力，不断创新参与乡村治理的方式与途径，是新时代农村基层协商民主持续健康发展所必须解决的问题。当前，我国社会正处于社会转型期，中国改革已经进入攻坚期和深水区，各种利益冲突频繁、社会矛盾凸显，社会治理难度与复杂性日益加剧，依靠单一的政府力量不能实现社会的有效治理。在我国农村社会也是如此，以往的一些村干部、有名望的长辈说了算的管理模式，由于缺乏对广大农民群众利益的换位思考，缺少对多元利益冲突的全盘考虑，往往在农村社会激起一些社会冲突现象。加之，在当前农村社会日益严峻的"空心化"趋势下，乡村治理精英不断外流，村"两委"队伍结构逐渐弱化与老化，在村务管理的过程中愈发力不从心。因此，在乡村治理的过程中，充分调动多元利益主体的参与积极性，通过协商民主活动为多元乡村治理主体提供表达利益诉求的平台，已经成为乡村社会有序发展的现实需要。对此，中共中央办公厅、国务院办公厅印发的《关于加强和改进乡村治理的指导意见》中明确强调："建立健全党委领导、政府负责、社会协同、公众参

与、法治保障、科技支撑的现代乡村社会治理体制……建设充满活力、和谐有序的乡村社会。"❶"公众参与"成为乡村社会治理的重要环节。在农村长期生活的农民是乡村治理最当之无愧的当事人，因而也最了解农村社会各种矛盾和冲突的症结所在，也最清楚在乡村治理过程中需要完善和发展的环节。因此，农民是完善和创新乡村治理机制，促进乡村治理现代化最不可或缺的主体性因素。多元主体参与乡村治理的意义如下：

第一，多元主体参与乡村治理是顺应农村经济社会发展的必然选择。随着社会主义市场经济不断深化，农村社会原有的单一的社会结构在不断分化的同时，多元利益主体也不断形成。在原有的单一治理模式难以达到理想效果的背景下，必须依靠农民群众、基层党组织、基层政府、农村集体经济与合作组织、社会团体、外来人员以及其他涉及利益的个体、群体或组织等多元主体共同管理公共事务，实现基层政府、民众以及市场等多方力量的有机融合，在协调各方利益的基础上，实现乡村社会健康有序的状态。同时，应当注意到，一些非政府组织、社会组织及其他各种社会自治力量也在农村社会悄然兴起，有效引导这些力量参与乡村治理，有利于增强乡村社会发展活力和提高乡村善治水平。

第二，多元主体参与乡村治理是解决乡村问题的现实需要。当前，在我国广大农村地区，由于缺乏积极的引导和有效的利益整合渠道，多元利益诉求的争端在乡村社会成为各种矛盾和冲突爆发的重要导火线，乡村治理愈发呈现出复杂化特征。在乡村社会的冲突中，广大农民群众又是最直接的当事人，对冲突的根源最为了解。在此背景下，多元主体共同参与乡村治理，既有助于通过治理活动与群众联系更加紧密，真正实现问计于民、问需于民、问政于民，由此真正凝聚广大人民群众的智慧力量，也有助于更好地反映不同利益群众的利益诉求，在有效协调与

---

❶ 《关于加强和改进乡村治理的指导意见》，人民出版社，2019年，第2页。

第七章 推进协商民主赋能乡村治理的基本思路与对策

整合多元利益的基础上，缓和社会各类矛盾和冲突。

第三，多元主体参与乡村治理是发展全过程人民民主的内在要求。农村基层协商民主作为全过程人民民主的重要实现形式，在多方面践行了全过程人民民主的要求：一是有效实现了多元主体参与围绕公务管理和公共决策的协商，为广大人民群众参政议政提供了广阔平台，这也奠定了全过程人民民主实现的主体基础；二是协商民主活动是以平等为重要原则的，它强调协商民主的过程平等、程序平等以及具有平等地影响协商结果的权利，因此它在过程、成果、程序以及实质上切实保证了人民群众的平等政治权利；三是农村基层协商民主鼓励多元主体直接参与到协商活动中，参与公共事务管理与制定公共决策，因而是最直接明了的直接民主形式；四是广大人民群众经由协商民主活动有效表达了利益诉求，成为各级党组织和政府制定相关政策的重要依据，有助于确保在重大事项上人民与国家的意志相统一。

农村多元主体参与公共事务是提升乡村善治水平的必然要求，是新时代乡村治理的突出特征。然而，目前多元主体参与乡村治理仍面临着重重困难。

一是多元主体在参与态度、参与能力等方面存在较大的差异。

我国农村社会是既简单又复杂的治理场域，广大农民群众以农业生产为主要经济来源，在职业、收入水平、教育水平和生活习惯等方面相对于城市场域较统一；然而，农村社会也是一个容易滋生矛盾的场域，由于缺乏一定的法律常识和政治素养，农民群众往往倾向于采取非制度化方式解决问题，给乡村社会带来了一些不稳定因素。当前，我国农村社会基本上形成了以基层政府为主导，以村"两委"为基础，以乡村精英、普通村民、传统宗族等为主体的乡村治理格局。❶

---

❶ 杜智民、康芳：《乡村多元主体协同共治的路径构建》，《西北农林科技大学学报（社会科学版）》2021年第4期。

基层政府在乡村治理过程中发挥着重要的主导作用。基层政府处于国家行政权力链条的最末端，因此与广大农村群众联系最为紧密，是服务管理直接面向人民群众、量大面广、由乡镇服务管理更方便有效的各类事项的责任主体。2017年中共中央办公厅、国务院办公厅印发了《关于加强乡镇政府服务能力建设的意见》，从服务功能、服务资源配置、服务供给方式、组织保障等方面更系统地明确了乡镇政府的职能。当前，乡镇基层政府在巩固提高义务教育质量和水平、推动以新型职业农民为主体的农村实用人才队伍建设以及落实社会救助、社会福利制度和优抚安置政策等方面发挥着重要作用。然而，由于有些基层干部的工作任务愈加繁重，常常将大部分精力投入开会、填资料以及应对上级检查的层面，这使得有些乡村治理的效果不好。

村"两委"是我国农村的基础管理力量。其中，村支部是中国共产党在农村基层的战斗堡垒，是中国共产党领导乡村治理的重要依托，它承担着贯彻落实党的路线方针政策、推动乡村发展、带领农民致富、密切联系群众和维护农村社会稳定的重要职责。村委会是村民自治的产物，由村民直接选举产生。尽管如此，有些村"两委"在村务管理的过程中，仍然存在一些问题：一是呈现出行政化的特点，尽管村委会由村民选举产生，但由于政府治理任务的下沉、村"两委"的经费保障等来源于政府拨款等原因，村"两委"事实上成了基层政府在农村地区的管理者和执行者，缺乏自主性；二是在乡村治理过程中，由于监督不到位，仍然存在着一定的腐败现象，这极大地影响了农民政治参与的积极性，也造成了紧张的干群关系；三是部分村干部独断专行，缺乏与人民群众的沟通，因而导致村务管理和公共决策不能满足绝大部分群众的要求；四是由于乡村人才的流失，农村干部队伍未能得到及时补充，干部结构逐渐老化，治理能力和水平愈发低下。

此外，我国农村还存在着多元的政治参与主体，如乡村精英、宗族长老、集体经济从业人员和农民群众等，这些治理主体在面对公共事务时持有不同的态度。"乡村精英在某些方面拥有比一般成员更多的资源优势,并利用资源取得了成功,为社区做出了贡献,从而使他们具有某种权威,能够对其他成员乃至社区结构产生影响。"❶ 乡村精英在公共事务中往往持积极态度,通常率先提出关于村务的提议,并能在村内产生一定的影响力。宗族长老也是在农村内具有较大影响力的群体,尽管他们往往思想相对传统,但他们对村内公共事务也具有十足的热心。集体经济从业人员是村庄内较为特殊的一类人员,他们不一定是本村庄的原住民,因此可能与村庄居民存在一定的隔阂,但是他们往往积极地在公共事务中为集体经济的发展谋求便利。广大农民群众是农村社会最庞大的群体,但是部分农民群众对于公共事务往往采取保守态度,他们对与自身利益无关的公共事务采取冷漠的态度,公共意识淡薄,对于村内事务往往听由村干部、乡村精英和宗族长老等决定。

二是多元主体之间的利益冲突仍有待整合。

改革开放以来,随着社会主义市场经济的发展,原有的单一农村社会结构不断瓦解,农村社会群体和阶层分化愈发严重。这直接导致了多元主体间对公共事务和公共政策产生了不同的诉求。多元利益诉求给乡村治理带来了重重挑战:一是缺乏整合的多元价值取向和利益诉求,往往成为乡村社会矛盾和冲突的导火线;二是多元利益诉求使人们之间产生隔阂,尤其是由于部分农村党组织的领导核心作用发挥不足,未能有效团结、凝聚广大农民群众,使得农村社会的多元主体在具体治理事务中的组织化程度不高;三是彼此之间的隔阂进一步扩大了多元主体间的不信任,这极大地影响了集体合作的成效。在此基础上,由于多元主体之间的分化愈发严重,各主体之间可支配的资源也愈发不均衡。而在农村社会中,可支配资源的多少往往决定着其在农村社会的地位和权威。

---

❶ 项辉、周俊麟:《乡村精英格局的历史演变及现状——"土地制度—国家控制力"因素之分析》,《中共浙江省委党校学报》2001年第5期,第90-94页。

多元主体间地位的不平等给共同治理带来了不良影响：村干部、乡村精英和宗族长老等往往话语权较强，普通民众往往话语权较弱；一些强势治理主体利用权力为自身谋利，侵害其他大多数人的利益。

三是多元主体共同参与治理的制度模糊不清。尽管已经明确提出了"打造新时代共建共治共享的社会治理格局"的目标，但是由于在具体实践中的政策细化程度仍有待提升，目前在乡村治理过程中仍在一定程度上存在着职责不明、权责不清的现象。如村委会作为群众性自治组织，尽管有责任协助基层政府开展工作，但在实际中却往往沦为基层政府的下级组织，在村务管理中只是一味执行基层政府的决议、包办政府事务，使村民自治权利受到损害；部分村委会与村支部之间存在着权责不协调的现象，一些村支部与村委会各自为政、各唱各的调，还有一些则相互推诿、工作拖拉，这既可能滋生村"两委"之间的矛盾，也极大地增加了治理成本，降低了协同治理的效率。

在多元主体参与乡村治理面临重重困境的背景下，农村基层协商民主形式应运而生。协商民主强调"多元"主体共同参与治理，在开展协商的过程中"平等"是重要的原则。多元主体平等地、理性地参与协商、讨论与辩论，表达自己的利益诉求，并力求影响协商结果。协商的过程也是多元利益诉求整合的过程，是使多元主体达成共识的过程，是使集体利益达到最大化的过程。因此，开展农村基层协商民主是当前应对多元主体参与治理的种种挑战的应然之措。当前，应当充分调动多元主体参与协商的积极性，实现多元主体的参与态度从"被动"到"主动"的转化。

首先，在尊重村民正当私利的前提下，正确处理好多元利益与共同利益之间的关系，形成多元主体间的利益整合机制，是有效激发村民参与乡村协商民主的积极性与主动性的关键手段。

一是要营造公平公正的参与环境。在协商民主的过程中，要注重通过程序规范来保证协商的全过程平等，从而保障多元主体之间平等参与权利、表达权利以及公平影响协商结果的权利。在协商民主中,最终协商结果是经过众多参与者反复讨论与协商,并经少数服从多数的投票机制达成的,因此能最大限度地减弱强势群体在协商过程中的干扰,实现更为公平公正的政治参与。因此,有序的协商过程实际上赋予了协商结果合法性,也赋予了多元主体必须服从协商结果的道德层面的强制力,这极大地遏制了乡村社会非制度化政治行为的产生。同时,协商结果是集体利益的集中体现,因此可以说协商的过程就是多元利益诉求整合的过程,是缓和乡村社会矛盾和冲突的过程。

二是要规范治理主体的价值导向。随着我国乡村社会结构的变化,各主体的价值观念也变得更加多元化。价值观念作为人们行动的坐标,在推动协商民主有序开展的过程中发挥着重要作用:集体利益倾向的价值观念,其诉求的表达往往更易得到大多数人的认可;而仅仅只为了实现个人利益的价值观念,则容易在协商过程中受到否定。因此,对多元主体的价值观念进行整合,构建共识尤为重要。具体而言,村"两委"干部,尤其是基层党组织应肩负起宣传、教育的重要职责,在理论宣传的过程中,培育多元主体树立社会主义核心价值观,广泛凝聚多元主体的共识。在开展农村基层协商民主的过程中,要以公共利益、集体利益作为根本的价值导向,使公共利益在协商结果中得到充分体现。

三是在议题选择上关注多方利益。科学选题是提升协商质量的重要前提,既关系着协商的方向,也影响着协商活动的成效。尤其是对于参与主体而言,协商议题是否与他们的利益息息相关,直接影响着参与的积极性。因此,必须提升协商选题的针对性,正确处理好议题选择过程中的"党政关注"与"群众期盼"的关系,既要选择党政工作过程中发现的重要议题,也要选择群众期盼的、与生产生活密切相关的议题。其中,由于生活环境、社会地位、职业、经济水平、教育水平等存在差异,不同社会群体关注社会问题的重点可能并不完全一致。因此,在议题选择的过程中,应当尽可能地全方位关注不同群体的需求:协商议题应当覆盖政治、经济、文化、社会和生态等多个方面，也可以针对不同的社会群体开展针对性的专题协商等。因此，可以面向社会征集议题、邀请党政部门推荐议题，统筹考虑全市经济社会发展大局和民生改善中的突出问题。同时，要正确处理好议题选择过程中"大题"和"小题"之间的关系。协商议题的选择既要放眼全局，也要注重解决实际问题。所谓"大题"，就是与党政中心工作密切相关，事关改革发展和本地区经济社会发展的重要问题。所谓"小题"，就是围绕人民群众日常生活的实际困难问题，找准切入点和突破点。事实上，如果议题过大，容易出现对策建议缺乏针对性以及可操作性的问题；如果议题过小，可能也会缺乏研究价值。只有协商活动真正成为参与主体实现利益诉求、有效解决生产和生活中面临的种种难题的平台，才能更好地调动参与主体的积极性。

四是要切实有效地开展协商。协商民主是多元主体间的利益整合的重要途径。通过切实有效地开展协商，避免协商活动流于形式，从而使多元参与者从中获得效能感，并使利益得到切实有效的整合，是调动多元主体参与协商的积极性的重要举措。只有在协商过程中使参与者不断增强政治参与的信心与能力，才能培育更加积极主动的政治参与心态；只有真正通过协商民主有效行使各项民主权利，切实有效地维护了自身利益，才能使民众真切地感受到协商民主的作用与价值，才能从根本上调动多元参与者参与协商的积极性。

其次，在协商过程中实现多元利益主体整合的重要前提是提升协商主体的代表性。当前，由于农村社会"空心化"现象的出现，知识分子、中青年劳动力、企业家多投入城市化建设的浪潮，导致农村协商民主多呈现为"留守老人的协商"，出现了中老年村民不能准确代表全体农村群众的根本利益的情况。在网络媒体时代，解决协商主体代表性不足问题的一个行之有效的措施是通过网络协商实现农村流动人口的协商民主权利的回归。以实时互动为特征的互联网技术为流动人员提供了非制度化远程参与协商的可能，成为他们获取协商信息、表达利益诉求的载体。如通过微信、QQ等移动客户端对协商议事过程进行全方位录制或直播,可实现流动人员的远程参与,有效保障他们的部分民主协商参与权利的实现。

最后,中国乡村发展水平和模式千差万别,因此其所包含的村民利益指向也有所差别。在此意义上,农村基层协商民主的发展必须以承认乡村发展的多样性为前提,注重将政府顶层设计与鼓励基层创新相结合,允许和支持不同地方依据不同情况合理制定具体政策,开展差别化协商民主探索。

三、强化协商民主程序设计,促进农村基层协商民主制度化建设

习近平总书记在中央政协工作会议暨庆祝中国人民政治协商会议成立70周年大会上明确强调,"要完善制度机制……完善协商于决策之前和决策实施之中的落实机制……对协商的参加范围、讨论原则、基本程序、交流方式等作出规定。"❶ 农村基层协商民主的健康发展离不开程序化的设计和制度化的建设。只有加强程序设计和制度建设,畅通广大农民群众参政议政的渠道,让广大农民群众通过规范的、有法律保障的协商途径,有序地表达自己的意见,并在沟通和协调不同意见的基础上集中正确的意见,形成决议并加以实施,才能确保农村基层协商民主建设取得实效。

第一,推进协商民主程序化、制度化建设是农村基层协商民主有序推进的重要前提。农村基层协商民主是广大农民群众表达利益诉求、参与共同处理乡村社会公共事务的有效渠道。然而,当前我国农村基层协商民主的开展大多仍处于初步的探索阶段,缺乏相对固定的协商民主程

---

❶ 《习近平谈治国理政》第三卷,外文出版社,2020年,第296页。

序设计和制度规范，因而导致在协商的过程中存在一些消极现象：一是权责不清。由于缺乏明晰的制度规范，有些农村基层协商民主中乡镇基层政府、村"两委"以及多元农村参与主体等角色定位不明确。因此，往往由于乡镇基层政府的大包大揽，使得农村社会自主开展协商的积极性和主动性减弱；村"两委"干部习惯于等乡镇政府的安排，在组织开展协商过程中缺乏自主性；由于政府一切都安排"妥当"，农村参与主体真正"想说""想讨论""想解决"的问题未能真正纳入协商民主程序，农村基层协商民主活动最终难免流于形式。二是协商程序缺乏统一的标准。当前，由于我国农村基层协商民主的实践多是各地自主探索的结果，因此在协商程序设计上缺乏统一的标准。尽管因地制宜开展协商在一定程度上有助于提升协商活动的实际效果，但缺乏大致章程的协商程序也可能带来一些问题：在具体开展时，可能会遭到部分强势群体的施压，从而依据强势群体的需求随意更改协商程序；部分地区由于缺乏组织协商的经验，可能导致协商活动实际上并没有按照预想的方向进行，可能演变成政府政策的投票表决会，而缺乏协商对话环节；也可能由于缺乏规范的协商程序，农民群众的利益诉求未能得到充分表达，或利益未能得到有效维护，从而在协商过程中滋生非理性化的行为。规范的程序有助于统一思想和行动。制度化的程序设计有助于协商民主的开展始终在法律规范确定的范围内进行，确保协商活动始终符合社会主义核心价值观，由此有助于将广大农民群众的思想和行动统一到社会主义建设上来，使协商民主成为推进国家治理体系和治理能力现代化的重要环节。因此，推进农村基层协商民主制度化建设是协商民主有序健康开展的重要保障。

第二，推进农村基层协商民主制度化建设是社会结构多元化格局的客观要求。利益诉求的多元化导致乡村社会矛盾和冲突激增。为了寻求理性的解决争端的方式，我国各地的农村基层协商民主实践逐渐发展起来。然而，协商程序的非制度化可能带来一些问题：由于协商程序可以

第七章　推进协商民主赋能乡村治理的基本思路与对策

随意更改，由此导致的利益受损一方可能会对协商活动的正当性产生怀疑，滋生不满情绪；由于缺乏相应的程序化设计，加之部分地区可能在组织协商活动中缺乏经验，导致实际的不科学的协商程序无法实现多元利益的协调和整合，无法有效化解社会矛盾，并最终无法实现科学决策；由于缺乏法律规范的约束，在协商过程中，由于多元矛盾激化而带来的更为严重的非理性问题没有相应的法律制约；由于缺乏明确的制度规范，缺乏政治参与意识和政治素养的农民群众，可能无法准确有效地了解协商活动的具体形式并参与其中，由此不能通过协商解决相关问题。事实上，农村基层协商民主具体应该如何开展，应当通过法律和制度的形式予以明确，只有这样才能克服协商民主运行过程中的种种不规范行为，才能使基层协商民主制度更具权威性、可靠性、可操作性以及长效性。

第三，推进农村基层协商民主制度化建设是实现人民民主的内在要求。广泛地动员和组织人民群众依法管理国家事务和社会事务是实现人民当家作主权利的重要内容。协商民主广泛发展，正是适应了这一根本目标，是我国社会主义民主政治特有形式和独特优势的集中展现。其中，实现协商民主的制度化建设是从制度上确认协商民主是人民当家作主的重要形式的必然要求，是确保协商民主活动在国家制度层面获得相应的保障的重要前提。对于农村基层协商民主来说尤其如此。目前我国大多数地区的农村基层协商民主实践往往是由各地乡镇基层政府带头或在农民行使村民自治权利的过程中自发探索产生的。实现农村基层协商民主的制度化建设，事实上是进一步规范了农村协商的程序和确认了农村协商的重要价值，使之获得了在农村社会长足发展的基础。

第四，推进农村基层协商民主制度化建设是实现各类协商有序衔接的要求。在我国，协商民主实现了多层级、多渠道发展，目前设有政党协商、人大协商、政府协商、政协协商、人民团体协商、基层协商以及社会组织协商等形式。农村基层协商民主作为基层协商的重要组成部分，与其他各类协商共同构成了中国特色社会主义协商民主的整体。事实上，无论是在协商体系设计上还是在协商实践中，农村基层协商民主都不是孤立存在的。它与其他类别的协商有着千丝万缕的关系：如在政协协商与基层协商之间，政协协商发挥人民政协平台优势，保障基层协商的有序开展，同时，发挥政协协商经验丰富的优势，针对基层协商的开展提出合理化建议。在此基础上，发挥政协参政议政职能的优势，将一些共性的问题转化成提案，并推动相关政策的出台，从而使基层协商切实成为"为群众办实事"的平台。在多类协商民主形式实现有效互动的过程中，必须进一步推进农村基层协商民主的制度化建设。只有规范化、制度化和稳定化的农村基层协商民主，才能更好地独立作为确定的协商形式，在制度上与其他类型协商民主实现有效衔接。

然而，当前我国农村基层协商民主的制度化建设在制度确立以及制度落实两个方面都面临困境。如何确定最具有普遍价值的一般性协商程序，以及如何使制度规范在协商民主过程中有效落实，是当前推进农村基层协商民主亟须解决的重要问题。

在制度确立层面，我们可以通过分解农村基层协商民主的程序步骤来得出相应的结论。农村基层协商民主的开展应包括提出协商议题提案、选定参与协商的利益群众代表、选择具体协商形式等多个环节，其关键是要解决"议什么""谁来议""怎么议""成果怎么转化""协商成效怎么评估"以及"如何监督成果实施"的问题。

第一，关于"议什么"的问题，这涉及协商民主议题的选取。在关于"谁来选"的方面，首先，要有基层党委、政府的"点题"。党和政府应主动把涉及"三农"的重大民生问题列为重点议题和重要内容，想民之所想，急民之所急。在经过充分的调查和研究之后，提出初步的决策建议。随后，通过充分发挥党和政府在协商民主过程中的主导性，引导农村群众发表对政府决策的看法，并提出意见与建议。在此过程中，党委和政府也应充分发挥把控协商过程中的意识形态发展的作用，保障协商民主的有序进行，使之成为推进国家治理体系和治理能力现代化的重要途径。同时，也要有基层群众的"报题"。议人民群众切实关心的问题是提高农村基层协商民主主体参与积极性的重要内容。农村基层协商民主应主动围绕广大农民群众关注的重点、难点问题开展建言、对话和商讨。广大农民群众作为农村事务的直接当事人，对哪些问题是农村社会亟待解决、哪些问题是农村社会矛盾和冲突的症结问题最有发言权。因此，应当畅通基层群众"报题"的渠道，使农村基层协商民主活动真正解决人民群众想解决的现实问题，实现协商民主维护人民切身利益的目标。

第二，关于"谁来议"的问题，这关注的是协商主体的人员构成问题。按照2015年7月国家出台的《关于加强城乡社区协商的意见》，基层政府及其派出机关、村党组织、村民委员会、村务监督委员会、村民小组、驻村单位、农村社会组织、全体村民以及其他利益相关方，构成农村协商民主的协商主体。同时，还要根据不同协商类型选取不同协商主体，比如决策性协商，应以村民为主体；协调性公民协商，以利益相关的村民及村民组织、基层政府为主体；咨询性协商，以村民、村民组织、基层政府为主体。[1] 协商民主的主体不仅包括政治、经济、文化的精英，还要鼓励、引导普通老百姓积极参与，让普通公民以理性合法的形式表达利益诉求和意愿，使公民在协商的基础上形成共识，化解矛盾，促进社会和谐。其次，从协商主体的产生方式上看，可采取全体参与、随机抽选、推荐或指定的方式产生协商主体。一般而言，人数较少的村庄可全员参与协商，人数较多的村庄限于时间、场地、经费、保障条件的制约，不宜全体参与。在此种情况下，可通过村级党组织、村委会组织或村经济合作社推荐或指定的方式产生协商主体，也可采取电子

---

[1] 邓谨、王海成：《论我国农村协商民主中的主体培育》，《西北农林科技大学学报（社会科学版）》2016年第5期。

姓名随机抽选的方式确定协商民主主体。总之，协商民主主体应考虑政党、政府、农民、市场、社会组织等多元乡村治理主体要素，尽可能吸纳广泛的代表人士，以此来打造更加团结的乡村共同体。

第三，关于"怎么议"的问题，即农村基层协商民主的程序设计问题。协商方式的科学与否，直接影响协商目标的实现。在协商民主的现实实践中，应建立起有序、有效的协商议事机制。在价值层面，农村基层协商民主的协商过程应体现"平等""公正""开放""理性""宽容""妥协"等价值内涵。"平等"要求在协商讨论的过程中，多元参与主体的地位平等，具有平等表达利益诉求以及影响协商结果的权利。"公正"与"平等"概念相关联，要求在协商过程中不因某些参与者的强势社会地位、较高的经济水平和教育水平而向他们做出倾斜，而是确保协商过程的主体地位平等。"开放"概念要求协商民主应当允许一切与议题密切相关的民众自愿参与，同时保证协商过程中公平公正公开。在协商民主的过程中，一切协商行为应当是理性的。也就是说，从协商议题的选择到协商结果的产生，都应当在理性原则的指导下展开。这就要求参与主体立足实现公共利益的目标，理智地进行思考、讨论，并最终产生理性决策。面对协商过程中多元利益主体的不同利益诉求，应当保持"宽容"的态度，认真倾听并思考他人的建议。同时，协商结果产生的过程事实上就是彼此之间基于公共利益的维度相互"妥协"的过程。在具体形式层面，一方面，针对不同议题，定期召开各层面、各层级的协商民主会议，创新采取分组讨论与集中协商相结合、会前思考与会上发言相补充等方式，提升协商民主的效率及效果。另一方面，畅通协商代表与村民、村"两委"、乡镇政府的信息交流渠道，通过座谈协商、书面协商、电话协商、网络协商等多种方式进行，并在议事后及时、准确地传达协商结果，形成高效的上情下达、下情上报的沟通机制。

第四，关于"成果怎么转化"的问题。农村基层协商民主的协商成果只有真正付诸实践，转化为推动乡村社会发展的举措，才能真正体现出协商的作用与价值。因此,协商成果的转化是协商过程中十分重要的环节。首先,形成高质量的协商成果是首要前提。因此,必须要做好协商议题的选定工作,真正选择与人民群众切身利益密切相关的,与国家和社会发展前进方向一致的议题。这样的议题往往受关注度比较高,这为后续的协商成果的转化提供了重要的先决条件。其次,在正式开展协商之前,应当做好调查研究工作,确保协商议题真正具有可实施的社会基础。同时,应当注重协商节点的把握,既要在决策前协商,也要在决策后跟踪协商。尤其是决策后的跟踪协商对于协商结果的转化起着重要的推动作用。此外,要健全协商结果的报送机制和台账管理机制,从制度上保障协商成果落地。根据协商成果报送的内容,精准确定报送的党政领导和党政部门单位。与此同时,要落实专人负责梳理、分类登记、跟踪问效。党委、政府督查部门要建立台账管理,根据政协报送的协商成果内容,合理确定督办时限,明晰任务完成的标准,明确办理相关责任单位和责任人。

第五,关于"协商成效怎么评估"的问题。关于协商成效的评估,最根本的指标是否有效解决了人民群众生产与生活的难题,是否切实维护了广大人民群众的根本利益,是否真正缓和了乡村社会存在的各种矛盾与冲突。具体而言,可分为对"协商结果"和"协商转化结果"的评估,评价的标准是"人民群众的满意度"以及"公共利益"。为此,必须建立起完善的评估机制:进一步增强基层协商民主的刚性约束,细化考核内容;可探索委托第三方对基层协商民主效果进行评估,克服表面实行协商民主,实质行政绩和风险规避之实的可能倾向;选择典型个案及时跟踪观察、检测基层协商民主的有效度。❶

第六,关于"如何监督成果实施"的问题。协商结果的产生并不是协商过程的结束,协商还涉及如何监督协商成果实施的问题,这也是促

---

❶ 李德虎:《走出基层协商民主发展的瓶颈》,《学习时报》2016年3月24日第A4版。

进协商成果有效转化的必要环节。为此，可以在协商后推进实施的重要节点组织开展跟踪协商，主要是以协商讨论和建议、批评为主要形式的民主监督，由执行部门对实施进度、经费使用情况进行汇报，协商民主主体对相关问题提出质询，并就实施过程中遇到的难题进行协商讨论，制定出进一步推进实施的决策。同时，党委、政府也可以定期通报工作情况，面对面听取人民群众提出的意见和建议，并当场互动协商、解答问题。

加强农村基层协商民主程序化和制度化建设，完善协商民主运行程序和制度体系，特别是加强协商议事程序性制度、监督制度、责任追究制度等建设，明确各环节责任归属，这是推进农村基层协商民主制度化发展的前提和关键。其中，在推进协商民主程序化、制度化的过程中应当注意要处理好以下关系：

一是规范化、制度化与因地制宜开展协商之间的关系。毫无疑问，推进农村基层协商民主的制度化建设是实现农村基层协商民主有序开展的重要前提。但是有人不禁要问，如果统一了农村基层协商民主开展的程序，那么各地是否还能立足地方特色开展适合当地需要的协商民主活动呢？事实上，协商民主的规范化、制度化与因地制宜开展协商之间并没有冲突。协商民主的规范化、制度化的重点在于确保协商民主有制可依、有规可守、有章可循、有序可遵。也就是说，要为包括农村基层协商民主在内的中国特色社会主义协商民主形式提供一份制度化的参考，并对协商全过程中的行为进行约束，以避免出现非理性、非制度化的行为。在遵守农村基层协商民主的规范程序设计的基础上，各地可以根据当地所面临的突出矛盾和问题，组织不同的社会群体，针对性地开展不同形式的协商，并在坚持协商民主的程序原则的前提下，针对性地进行调适性设计，以使农村基层协商民主更好地适应不同地区的需要。

二是农村基层协商民主在制度化过程中应处理好协商民主价值与实效之间的关系。协商民主本身具有丰富的价值内涵，如多元主体、平等议事、自由辩论、程序规范、结果公开等。在进行制度化建设的过程中，应结合我国具体国情，综合考虑如何协调协商民主的内在价值与在我国特殊国情下如何实现协商民主实效之间的关系，创新农村基层协商民主形式，做到既彰显协商的民主价值，又能收获较好的实际效果。如在协调多元主体与政治参与成本的关系时，可以适当进行创新，如河北青县的"村民代表会"，由于所在的行政村规模较大、人口较多，因此在协商过程中，该地区采取的是由每 5~15 户选出村代表参与协商的方式。由于推选出来的代表对于他所在的那十几户人家的情况了解得十分清楚，能很好地起到上传下达、集思广益的作用。因此，这一做法既有效实现了多元主体的参与，也结合地区实际，较好地控制了政治参与的成本。总的来说，在农村基层协商民主开展的过程中，如协商民主价值的实现在现实实践中遭遇挫折，可以尝试创新农村基层协商民主的形式，从而更好地实现协商民主价值与实效的协调与整合。

三是做好基层协商民主与其他各类型协商民主形式的制度衔接。包括农村基层协商民主在内的基层协商民主与政党协商、人大协商、政府协商、政协协商、人民团体协商以及社会组织协商等协商民主形式并不是相互孤立的关系，如前所述，在具体的协商实践中，这些形式多样的协商民主形式总是存在着较强的互动。因此，也应当在制度建设的过程中实现基层协商民主与其他各类型协商民主形式的制度衔接，使各类型协商民主之间的有机互动有制可依、有规可守、有章可循、有序可遵，共同推动中国特色社会主义协商民主的发展与进步。

任何制度的有效、高效运行，在制度设计和安排时必须关注两个维度，即建立、完善制度和遵守、执行制度两个维度，其中的关键是树立制度权威。健全完善的制度体系是制度有效实施的基础和前提。[1] 当

---

[1] 杨弘、郭雨佳：《农村基层协商民主制度化发展的困境与对策——以农村一事一议制度完善为视角》，《政治学研究》，2015 年第 6 期，第 20 - 27 页。

前，由于我国农村基层协商民主运行与发展的时间仍较短，因此农村基层协商民主的相关制度仍不健全，既缺乏原则性的全国统一的操作程序规范，各地区在探索农村基层协商民主的过程中也未能将自身的特殊经验整理成规章制度，农村基层协商民主的运行与发展仍处于经验性、习惯性的运行阶段。尽管我国各地农村的地理环境、风俗习惯、经济状况和文化教育水平不尽相同，但在开展农村基层协商民主的过程中仍应当有一定的原则性程序供其遵循。事实上，任何民主形式的规范运行，都必须对其在实施前、在实施过程中以及实施后的监督等做出相应的制度安排。目前，我国农村基层协商民主推广较慢、覆盖范围小的主要原因之一就是缺乏一套完整的制度体系，缺乏相应的监督和考量机制。因此，必须着力解决我国农村基层协商民主制度不健全、不完善的问题，建立起一套科学、有力的制度程序。具体而言，首先，应当由上而下地设置一套原则性的农村基层协商民主的制度规范，使之成为各级党组织和政府在推进基层协商民主时的根本遵循。其次，要成立农村基层协商民主专门机构，负责因地制宜地对农村基层协商民主制度进行总体设计、规划和监督，在农村基层协商民主制度实践中不断创新议事形式和程序。

四、正确处理农村基层协商民主和票决民主的关系，建立二者有效衔接与互动机制

协商民主与选举民主不是对立的，而是相互联系有机统一的。正如习近平总书记所指出的，"人民通过选举、投票行使权利和人民内部各方面在重大决策之前进行充分协商，尽可能就共同性问题取得一致意见，是中国社会主义民主的两种重要形式。"❶ 事实上，协商民主与选

---

❶ 《十八大以来重要文献选编》（中），中央文献出版社，2016年，第74页。

举民主各有优缺点。

协商民主有其不可替代的优点：一是在协商民主的过程中，参与主体之间有充分的信息交流，这有助于对各种观点和理由进行反复比较和思考，最终在互相妥协的过程中找到"最大公约数"，从而消除分歧、达成共识，使协商结果趋于优化，形成科学的、合理的决策。同时，协商的过程也是利益协调与整合的过程，有助于消除矛盾与冲突，维护社会的和谐与稳定。二是协商由多元主体参与，在协商过程中，多元主体地位平等，有平等地表达利益诉求和影响协商结果的权利。这就意味着，社会主体不受其社会地位和文化水平等的限制，都具有平等的参与权利；在此基础上，多元主体的不同诉求都能在协商过程中得到体现。协商一致原则要求尽可能地照顾到协商各方的利益，要尊重少数人的合理要求，不出现多数人的集团利益否定公共利益的结果。三是协商提升了参与者对公共决策的预期认知。由于在协商过程中，参与者已经对即将产生的决策有了一定的理解和预期，加之决策是在多元主体的共同参与下产生的，因此通过协商民主产生的制度规定、公共决策等更容易获得协商各方的认同，并自觉在决策实施过程中给予配合，从而有效降低了后期政策执行难度。四是协商方式是平等的、理性的。在协商过程中，协商主体平等表达、尊重并倾听他人意见，在此基础上展开理性对话，整体氛围是和谐的。因此协商参与者的内心情感在协商过程中得到了较好的照顾，这也使协商结果更易被协商参与者所接受。五是协商结果具有较强的正当性。由于协商决策是通过协商主体对话、讨论和交流的形式产生的，因而可以更真实地代表人民群众的真实诉求，保证协商决策的合法性与正当性。

当然，协商民主也存在一定的缺点：一是协商成本相对较高。由于协商前往往需要开展调查研究的环节，这需要花费一定的人力和物力。在正式协商过程中，如果参与主体较多、范围较广或者需要协商较多次才能出结果，就需要大量的时间、金钱和人力成本。二是协商过程存在一定的不确定性。协商的议题可大可小,在围绕重要公共议题进行协商时,往往需要通过首次协商后确定前进方向,随后展开充分的调查研究,再进行多次的协商讨论以确定结论,这样的环节随着议题的复杂性可能还需要不断增加。因此,一个议题的协商所需要协商的次数和所需耗费的时间是不确定的,通常受到议题的复杂性、协商主体的参与能力、组织者的组织能力等方面的制约。三是协商民主存在一定的风险,如出现某个协商参与者采取消极的态度则会导致协商活动的停滞或失败,出现协商了几轮都未能达成共识的情况。

选举民主的票决方式也有其突出的优点:一是票决民主是竞争性民主。因此,它可以通过制定各种票决方案激励参选者不断做出各种允诺或做出切实维护公共利益的实践,通过不断提升自身能力和令人信服的能力吸引公众的投票,因此有助于激发个人和组织的政治活力,使人民民主呈现出生机勃勃的场景。二是票决民主的成本较低。尽管在乡村治理过程中,民主选举涉及的人群范围较大,但是它的操作比较简单。只要票决程序设计合理,票决民主的成本就可以较好地得到控制。三是票决民主对参与者能力的要求较低。"当社会不具备高水平的政治文化与公共认同,仅以利益差别来判断怎样进行政治决策的时候,票决民主能保证政治决策短期内符合大部分群体的需要,并且易于制度化,它的制度化不需要高超、复杂的心理与文化条件"[1]。由于票决体现为个体的偏好的选择,往往省略了反复研究、比较和讨论的过程,不要求参与者的调查研究能力、表达能力和思考能力等。加之投票的操作往往较简单,因此在农村社会,选举民主对于农民而言或许是更好操作、更好实现的民主形式。四是票决在产生结果上的不确定性较小。只要在前期为投票活动设计合理的、科学的程序,就总能产生或是或否的一定结果。因此票决民主内蕴含着少数服从多数的内涵,无论参与者们持有什么意

---

[1] 卢轶:《票决制与协商民主》,《长江论坛》2008年第4期,第71页。

见，总能通过数量的对比得出结论。在票决民主中，几轮投票都出现双方票数相等、僵持不下的情况非常罕见。五是可以有效避免运行风险。因为投票是根据少数服从多数的原则产生最终结果，因此少数人在票决时采取不合作态度通常不会影响投票结果的产生。六是票决的结果具有合法性和强制性。票决民主产生的结果往往是确定的，由于是大多数人偏好的聚合，是经所有人选择的结果，因此在实施的过程中通过后的结果不允许轻易改变。票决民主的结束，实际上意味着已经赋予了投票结果一定的强制力和合法性。

但我们也不得不承认，票决民主自身也存在一些不足：一是由于缺乏信息的交流与沟通，产生的投票结果可能并非最科学的结果。这一点在投票者人数较多的时候较为明显，若投票者分布地域较广、人数较多，彼此之间的观点和意见得不到充分的交流和讨论，甚至有的投票者对投票对象本身的情况并不了解，这就容易导致投票的盲目性，在一定程度上影响了投票结果的科学性。也就是说，大多数人投票得出的结果可能是建立在缺少科学的分析和思考基础上的。二是票决实行少数服从多数原则。这就极有可能导致少数人的意见被忽略，不利于平等反映多元主体的利益诉求。同时，多数人的意见与偏好并非一定是科学的，未经讨论、论证的多数选择，也有可能会导致不合理的公共决策。这是票决民主最突出的缺陷。三是如果在票决民主的过程中，发生了操纵投票结果或者是贿选的现象，投票者基于眼前利益出发，可能会出现许多人放弃选择自己的偏好，转而投给贿选指定人选的现象。这样一来，多数人的利益也可能得不到保证。四是票决结果在实施过程中不一定能得到所有人的支持。由于票决结果是经少数服从多数的原则确立的，因此实际上并没能在票决的过程中达成多元参与主体的共识。因而在实施的过程中，如果遇有少部分人对结果产生强烈的抵触情绪，将会使结果在执行的过程中难度增加，更有甚者可能引发一些非制度化的政治行为。五是票决过程是一个靠规则框定的过程，因此它体现出冷冰冰、不通人情的特点。加之票决民主往往表现为投票数量的机械化计算过程，缺乏面对面的人情的沟通和交流，更加容易导致社会对立的发生。六是当票决结果导致决策失误的时候，也难以实现有效的责任追究。由于票决结果是经所有参与者共同投票产生的，因此每个人都对投票结果负有一定的责任。如果出现失误，面对庞大的投票者群体，则难以追责。

总的来说，票决民主以投票的方式确定最终结果，由此产生的决策在投票者中具有强制力，但极有可能导致多数人对少数人的暴政；协商民主重在寻求决策前的商量，通过广泛讨论、对话与交流，寻求最大共识和公共利益，有利于最大限度地扩大决策的民意基础。票决民主强调表决程序的庄重、严谨；协商民主更注重提案的质量和参考价值，为决策提供多种参考与选择。票决民主实行少数服从多数原则，注重选票的数量和决策的效率，根据投票结果确立决策的合法性；协商民主遵循求同存异原则，追求社会整体民主和决策最大限度的包容性完善。

在我国，以票决方式为主的选举民主是纵向民主的起点，协商民主是横向民主的一种形式。[1] 选举民主和协商民主由于功能和特点不同而在不同的民主场域中发挥着重要作用。选举民主的核心是选举，每个公民都依法拥有选举权和被选举权，彰显着公平和竞争的民主内涵。协商民主的核心是对话和讨论，在协商的过程中，多元参与主体具有平等的表达利益诉求的机会，蕴含着平等、公开、责任和理性的民主内涵，能较好地保障人民的知情权、参与权、表达权、监督权。因此，协商民主和选举民主并不是互相排斥的关系，而是共同在民主政治框架下发挥着不同的功能，是相互支持、相互补充、共同完善的关系。在我国乡村社

---

[1] 李君如：《协商民主在中国——中国特色协商民主的理论思考》，《中共天津市委党校学报》2014年第4期。

会，由于长期以来选举民主单兵推进，使得人民群众民主管理、民主决策和民主监督的权利未能得到有效实施和保障。在此背景下，在乡村治理体系中引入协商民主，是对以往不平衡的民主的补充和完善。二者之间的关系具体可归纳为以下几个方面：

一是选举民主和协商民主都是重要的民主政治形式。"选举民主与协商民主相结合，是中国社会主义民主的一大特点。""人民通过选举、投票行使权利和人民内部各方面在重大决策之前进行充分协商，尽可能就共同性问题取得一致意见，是中国社会主义民主的两种重要形式。"❶ 在我国民主政治建设的过程中，需要统筹处理好二者之间的关系，充分发挥两种形式的优点，相互支持与补充，从而建构更加合理、科学的民主政治框架。

二是选举民主和协商民主共同构成了较完整的民主过程。就现代民主政治来讲，在任何民主政体下的代理人的产生都必须通过民主选举。可以说，民主选举是现代民主政治过程必不可少的重要环节。然而，选举往往几年才举行一次，且选举的过程往往较短暂，投票、计票、公布结果所需的周期较短。这就导致如果仅仅发扬选举民主，极容易导致选举之后的很长时间内，民众缺乏民主政治生活。事实上，选举仅仅是民主政治的开始。选举之后则需要更多地通过协商民主、监督民主等其他形式的民主来体现，通过协商民主等形式实现决策、管理和监督等各项民主权利。因此，在我国民主政治建设的过程中，选举民主和协商民主缺一不可。

三是选举民主和协商民主共同体现了民主政治的价值所在。首先，选举民主经投票产生的仅仅是"代理人"，并没有投票产生具体的决策。也就是说，选举民主选的是决策的人、执行的人，而不是方案本

---

❶ 习近平：《在庆祝中国人民政治协商会议成立65周年大会上的讲话》，人民出版社，2014年，第15页。

身。这一点在协商民主的过程中得到了较好的解决。协商民主通过平等主体的理性协商、对话和讨论,在维护公共利益的基础上,消除分歧、达成共识,形成科学、合理的决策。其次,由于选举民主实际上是多数人偏好的集合,因而可能忽略了少数人的需求。而在协商民主形式中,多元主体地位平等,都具有表达利益诉求的权利。协商民主的理性原则,要求参与者尊重并倾听他人的意见,在维护公共利益的基础上,尽可能地协调所有的利益诉求,尽可能照顾到最大多数人的利益。因而一定程度上减少了少数人的利益被忽视的现象。

总的来说,选举民主和协商民主都是社会主义民主的重要形式。在我国农村社会,也应有机地将选举民主与协商民主结合起来,充分落实村民自治过程中的民主选举、民主管理、民主决策和民主监督等各项民主权利。

前面的典型案例表明,农村基层协商民主与农村选举民主之间有着密切的联系。一方面,协商治理机制创新要在村民自治制度的框架内展开。协商治理机制能否有效运行,在一定程度上取决于农村村民自治的民主制度建设水平,受到村民自治制度下培育的村"两委"干部的组织水平以及民众的参与能力和水平的影响。另一方面,农村基层协商民主也是农村选举民主的重要补充。协商民主有助于通过多元农村主体的对话和交流,反映和收集民意,制定出科学、合理的重要公共政策,缓和乡村社会存在的各种矛盾和冲突。因此,在乡村民主中,既要坚持"票决制"在村级民主中的主导作用,又要重视"协商制"的重要作用。"票决制"和"协商制"在乡村民主中不是独立存在和运行的,需要二者的衔接与互动。协商不能代替投票,没有投票,议而不决,协商的结果就很难转化为决策;反之,投票也不排斥协商,否则,即使经过了票决,其结果必然是盲目的、缺乏群众基础的。虽然衔接与互动的路径是多重的,但建立制度规范为根本,尤其要提高村级协商民主的制度化、票决和协商二者衔接与互动的制度化,实现决策过程和决策结果的有机统一。

五、培育和提升农村协商主体的理性协商意识与能力

培育和提升农村协商主体的理性协商意识与能力，这既是推进农村协商民主制度化发展的基础性工程，也是亟待解决的现实问题。培养具有法律意识、公共精神的理性协商主体并有效提升村民的理性协商能力，是确保协商民主治理机制有效运行的先决条件。当然，培育和提升农村协商主体的理性协商意识应当有重点。根据协商民主活动以及农村参与主体的特点，应当着力在以下几个方面推进：

第一，培育政治主体意识。农村协商主体参与协商治理，必须首先树立政治主体意识，也就是说，必须充分意识到参与民主政治活动既是个体的权利，也是个体的义务。在中国，宪法明确规定公民享有政治权力和自由。而协商民主正是人民行使当家作主权利的重要渠道。广大人民群众必须充分认识到，在协商过程中每位公民都具有相应的权利，而不是只能听从暂时掌握话语权的强势群体的指挥，应当积极主动地行使自身民主权利、维护自身权益。由此，才能更好地、更有自信地在协商过程中表达利益诉求，参与公共事务的管理与决策。

第二，树立平等意识。平等是民主的重要内涵，没有平等也就不可能有真正的民主。协商民主强调多元主体平等参与协商。在协商过程中，参与主体享有平等地提议议题、参与讨论、表达诉求以及平等影响协商结果的权利。事实上，平等意识要求个体意识到自己与他人一样，都是权利主体，在法律面前享有平等的权利，承担平等的义务。然而，在我国农村社会，由于长期以来在封建思想的影响下，广大农民"主体"意识淡薄。他们往往怠于维护自身政治权利，选择听从村干部或者宗族长老等的指挥。在有些村庄内作为少数的村干部、乡村精英和宗族长老等往往由于在某一方面拥有突出能力或丰富资源，在村庄内具有较

高的社会地位，村务管理也往往是由他们说了算，因而实际掌握了村务管理的权利。平等即是要求公平地分享权利。这就要求，一是要提升农村协商民主制度化建设水平，以制度规范的强制力量要求强势群体与弱势群体分享权利，从而消除协商过程中地位高低的差异；二是基层政府和村"两委"应当自觉承担起宣传教育的职责，帮助广大农民更好地认识人民群众的当家作主地位，认识到在人民民主过程中，公民的地位是平等的，从而激励广大人民积极行使政治权利，参与到协商民主过程中，维护自身权益；三是要求广大村干部树立权责意识，通过组织民众开展民主决策、民主管理和民主监督的方式进行村务管理，而不是独断专行、自己说了算。

第三，树立尊重他人的意识。在协商民主的过程中，由于多元主体本身情况存在着各式各样的差异，因此在协商讨论的过程中难免出现分歧与不认同。尤其是在我国农村地区，广大农民群众的文化程度、思考能力和政治参与能力参差不齐。在此背景下，要实现理性协商，首要的要求是参与者树立尊重他人的意识。在协商过程中对他人的尊重体现在多个方面：一是尊重他人的平等参与权利。任何具有政治权利的公民，无论收入水平、知识水平、职业类别、性格品质如何，都具有参与协商活动的权利。这就要求，任何参与者应当自觉将自己与他人都当成协商活动中平等的一员，理性、平和地与其他参与主体展开协商。二是尊重他人的表达权利。在协商过程中，由于思考能力和表达能力的差异，参与者们关于利益诉求的表达并不一定是令人信服的。因此，在协商过程中，应对他人保持着宽容的态度，做到相互尊重、平等协商而不强加于人，有序协商而不各说各话。这就要求，基层政府、村"两委"或协商活动的组织者应在协商过程中对参与者予以适当的引导，避免在协商过程中出现偏激、急躁、愤怒等非理性现象。同时，加强对协商民主的制度化建设以及推进对广大农民群众的宣传和教育也是重要的途径。

第四，培育法律意识。民主的法治化是我国社会主义民主政治的突出特征。我国农村基层协商民主是在宪法以及相关法律规范规定的范围内展开的，因此协商活动的各要素都应当符合我国法律规定。这就要求协商参与主体具备一定的法律意识和法律常识，在协商过程中自觉遵守法律法规。这既是确保议题的提出、平等讨论过程以及最终产生结论等协商全过程均符合法律规范要求的重要前提，也是各参与主体在协商过程中能有效运用法治化手段维护自身权益的重要保障。然而，我国广大农民群众由于长期生活在以习惯、道德和风俗等为价值准则的乡村社会环境中，加之部分民众可能受到教育水平、文化水平的限制，往往缺乏一定的法律常识。而在协商民主活动中，法律意识的缺乏极有可能引起协商秩序的混乱，导致协商过程和协商结果的非理性化。因此，基层政府和村"两委"应注重在日常生活中的普法宣传，尤其是对协商民主规范的教育普及，营造人人学法、人人懂法的法治环境；注重在制度化的协商民主过程中引导和教育，指导参与主体摒弃非法观念与做法，在法律范围内表达利益诉求、寻求问题的解决方案。

第五，培养公共精神。公共精神是指建立于公民理性基础上的、以全体公民和社会整体的发展为价值取向的价值观，它主要表现为公民对公共事务的关注与参与、对公共利益的追求以及积极融入公共生活。公共精神实际上是协商民主的重要精神内核，也是协商民主有序、有效开展的要求。因此，广大参与主体应当摒弃以往狭隘的自私做法，着重在以下几个方面培育公共精神：一是培育公共理性。公共理性意味着广大协商参与主体紧密围绕实现"公共利益"的目标，积极参与协商"公共的"的事务，以实现"公共的"的价值目标。其中，公共利益是公民一切行为的首要准则。当然，公共理性并不必然要求公民是利他主义的，而是允许追求符合公共利益要求的个人利益，追求"更有远见的""长局性"的自我利益，谋求有利于促进集体利益和他人利益的个人利益。这就要求，在协商民主过程中，参与者面对多元利益主体的不同利益诉求，要保持宽容的心态，吸纳各种合理的观点；能为了公共决策更加符合公共利益做出一定的妥协，超越单纯的对个人利益的追求；在围绕公共事务开展协商的过程中，不断增强集体认同感和责任感，培育团结、合作和信任等优良品质。二是增强公共参与的积极性。公共参与是公民实现公共利益与个人利益的统一的途径。尤其是在协商民主过程中，多元参与主体围绕公共议题，展开协商、讨论和辩论等，在此过程中不断思考什么样的提议才是最具说服力、最有科学性、最符合公共利益的提议，并在不断地自我思考和彼此说服的过程中，调整个体原有的观点，在追求公共利益的基础上消除分歧、达成共识，形成科学合理的公共决策。事实上，公共精神的培育在我国农村有着丰厚的土壤。我国农村长期以来以血缘和地缘关系为纽带，形成了彼此之间相互知根知底的"熟人社会"。尤其是在我国部分村落，大多数村民隶属于同一宗族，受宗族互帮互助的集体主义观念的影响，往往乐于为村落公共利益服务，对推动村落的发展进步有着强烈的积极性。当前，各地应立足于本村落的具体情况，引导广大村民树立更强的集体观念，鼓励村民通过积极参与公共事务为村落发展奉献力量。

培育农村协商主体的协商能力也是当前有序开展农村基层协商民主的必然要求。协商能力的提升应当着眼于协商民主全过程，在协商的各个环节培育公民的参与能力和水平。

第一，发现问题与开展调查研究的能力。从协商中提出议题这一环节来看，不仅是基层政府拥有提出"选题"的权利，广大农村基层群众也具有"报题"的权利。也就是说，农民群众可以通过自己在日常生活中的观察，提出认为应当通过协商程序决策的问题，并报送协商活动组织机关或组织者。这些议题一般是与公共利益密切相关的，是影响农民群众的正常生产与生活的问题。因此，对于村"两委"干部而言，应当及时关注到这些问题的存在，并将其纳入协商程序。同时，应深入人民群众开展调查研究，了解问题的症结所在，以及农民群众对这一问题的意见与建议，形成初步议案，并组织开展协商活动。对于广大农民群众而言，应当提高自己政治参与的积极性，及时发现问题、反馈问题，主动地向村"两委"和基层政府提出意见与建议。事实上，由于广大农民群众是真正的农村事务的当事人，因此对于生产和生活中存在的问题、矛盾与冲突也最有发言权。围绕人民群众关心关注的问题开展协商，是切实维护广大人民群众切身利益的必然要求。

第二，理性协商的能力。协商民主有序开展的关键就是坚守"理性"原则。"理性"是协商民主能以和谐的方式解决矛盾与冲突的重要原因，也是确保协商民主切实有效的重要前提。培育农村协商民主主体的理性协商能力应从多个方面同时着力：

一是认识"理性"协商的重要价值的能力。若想实现理性协商，首要前提是培育理性意识。"理性"是哲学上广泛使用的术语，指人们在理智、冷静的前提下，识别、判断、评估事物以及使人的行为符合特定的目的。在我国农村社会，由于一些人法律意识淡薄，出现有些人非制度化、无序的非理性参与协商活动，如抵制性参与、抗议性参与、冲突式参与甚至暴力参与等常有发生，这极易发展成违法犯罪事件。归根结底，这些现象的出现往往是由于缺乏民主法治意识。在协商过程中，"理性"是重要原则。"理性"的协商不仅有助于民众诉求的有序表达，也有助于形成科学、合理的协商结果，从而有效缓和农村社会存在的各种矛盾与冲突。事实上，广大农民群众在生产与生活中遇到冲突与难题时，可以借助理性协商渠道予以解决。在协商中，多元农村主体平等表达诉求，彼此之间和谐有序地进行协商、讨论，在相互理解的基础上达成共识，可以有效避免非制度化行为的发生。其中"理性"态度是协商民主有序开展的内在原因。当前，应在农村社会加强普法宣传，注重对多元农村主体正确政治参与的引导，从而提升协商主体的民主法治意识。

二是理性思考能力。农村基层协商民主固然是多元主体表达利益诉求的平台，但这并不意味着任何诉求的表达都是合理的。尤其是在部分农村社会，由于思维与国家社会发展存在一定脱节、民主意识不强、文化水平不高以及过于强调个人利益等原因，往往出现一些令人啼笑皆非的诉求。尽管如此，面对平等主体的利益诉求的表达，参与者应当在充分尊重的基础上，通过倾听各种不同的意见，经过理性、负责地思考，提出更符合公共利益的提议。因此，这对协商参与者的理性思考能力提出了要求：倾听他人的诉求，汲取有益的观点；在充分讨论的基础上，反思自己观点的不足，并进行调整；立足公共利益，思考相关议题的最优解决方案；在思考的过程中，应当综合考虑政治、经济、文化、社会和生态多方面因素，不断进行观察、比较、分析、综合、抽象与概括，在证据和逻辑推理基础上得出合理结论。

三是理性地表达偏好的能力。由于协商民主活动是基于主体间对话、讨论、交流和辩论等形式展开的，因此协商主体表达能力成为影响协商效果的重要因素，对国家大政方针、重大决策部署和相关法律法规了解不够，文字功底不扎实，协商交流的方式方法不灵活，都会影响协商的质量。良好的表达能力有助于协商主体更好地表达自己的利益诉求，并在讨论过程中有效说服他人。同时，偏好的表达应当是理性的。这也就是说，协商主体在表达偏好的过程中，应当采取宽和的态度，以理服人，通过讲道理、摆论据的方式，使自己的观点获得他人认同，而不是通过暴力、偏激的表达方式来强制别人认同。在表达的过程中，观点获得他人认同的关键是要符合公共利益。因此，协商主体应当通过积极参与民主政治生活，不断提升自身分析问题的能力，不断锻炼自身的表达能力，并在协商过程中从理性立场出发，立足公共利益的角度阐发观点，由此获得广泛认同。

四是理性的政治判断能力。在协商过程中，从议题的选择、到协商讨论再到协商结果的形成，都离不开理性的政治判断能力。理性的政治判断能力要求协商民主的开展要围绕"公共利益"这一主题,在议题的选取上要选择与人民群众切身利益以及公共利益密切相关的议题,要准确判断哪些问题是乡村治理的症结所在,如浙江象山的"村民说事"诞生的原因是村务信息公开不足、重庆开州区麻柳乡的协商"八步工作法"的诞生是由于在政府工作中缺乏与民众的交流与沟通,因而在决策上未能反映民意。在协商、对话和讨论的过程中,面对形形色色的利益诉求,应能准确判断哪种观点真正符合公共利益,真正适合乡村社会发展需要。若是缺乏理性的政治判断能力,极易被人牵着鼻子走,进而影响协商的成效。

第三,合作共事的能力。与选举民主仅需独立的个体进行独立的投票不同,协商民主是一种多元主体共同协商以达成科学决策的民主形式,在协商的过程中,多元主体需围绕公共议题共同展开讨论、对话和交流,并共同为协商结果负责。因此,这必然要求协商主体具备一定的合作共事的能力,如团结协作、相互信任、善于沟通、尊重他人、兼容并包等品质和能力,从而能有效地在协商过程中与多元主体共同探讨与实践民主管理、决策和监督。当然,如前所述,在我国农村社会,由于村民之间彼此熟悉,是"抬头不见低头见"的"熟人社会",因此天然地具有培育集体协作精神的土壤。当前,仍应继续发扬农村地区的集体意识,并通过鼓励广大农民群众积极参与协商民主活动,在参与的过程中提升合作共事的能力。

总之,当代中国农村基层协商民主与乡村治理的发展,充分彰显了中国共产党在推进民主政治方面的智慧和基层人民群众的伟大创造。党的十九届四中全会提出,坚持社会主义协商民主的独特优势,统筹推进包括基层协商民主在内的七种协商,构建程序合理、环节完整的协商民主体系。❶ 同时，强调"必须加强和创新社会治理，完善党委领导、政府负责、民主协商、社会协同、公众参与、法治保障、科技支撑的社会治理体系，建设人人有责人人尽责、人人享有的社会治理共同体"❷。步入新时代，人民日益增长的美好生活需要和乡村利益的日趋多元化对乡村治理提出了新要求和新挑战，优化民主政治体系和实现乡村善治的任务更加紧迫。在此背景下，创新农村基层协商民主形式，构建农村基层协商民主制度体系，把协商民主转化为促进乡村发展治理效能，对推进乡村治理体系和治理能力现代化意义重大。

---

❶《中共中央关于坚持和完善中国特色社会主义制度　推进国家治理体系和治理能力现代化若干重大问题的决定》，人民出版社，2019年，第11页。
❷《中国共产党第十九届中央委员会第四次全体会议文件汇编》，人民出版社，2019年，第12页。

参考文献

一、经典文献与相关政策文件

[1] 习近平谈治国理政：第一卷［M］. 修订版. 北京：外文出版社，2018.

[2] 习近平谈治国理政：第二卷［M］. 修订版. 北京：外文出版社，2017.

[3] 习近平谈治国理政：第三卷［M］. 北京：外文出版社，2020.

[4] 习近平谈治国理政：第四卷［M］. 北京：外文出版社，2022.

[5] 高举中国特色社会主义伟大旗帜 为全面建设社会主义现代化国家而团结奋斗——在中国共产党第二十次全国代表大会上的报告［M］. 北京：人民出版社，2022.

[6] 十八大以来重要文献选编：上［G］. 北京：中央文献出版社，2013.

[7] 十八大以来重要文献选编：中［G］. 北京：中央文献出版社，2016.

[8] 十八大以来重要文献选编：下［G］. 北京：中央文献出版社，2018.

[9] 十九大以来重要文献选编：上［G］. 北京：中央文献出版社，2019.

[10] 十九大以来重要文献选编：中［G］. 北京：中央文献出版社，2021.

[11] 中共中央办公厅，国务院办公厅. 关于加强城乡社区协商的意见，2015.

[12] 中共北京市委办公厅，北京市政府办公厅. 关于加强城乡社区协商的意见，2016.

[13] 中国共产党第十九届中央委员会第四次全体会议文件汇编［G］. 北京：人民出版社，2019.

[14] 关于加强和改进乡村治理的指导意见［M］. 北京：人民出版社，2019.

[15] 决胜全面建成小康社会 夺取新时代中国特色社会主义伟大胜利——在中国共

产党第十九次全国代表大会上的报告［M］．北京：人民出版社，2017．

［16］中共中央关于全面深化改革若干重大问题的决定［M］．北京：人民出版社，2013．

［17］关于人民政协的几个问题［C］．建党以来重要文献选编（1921—1949）：第26册．北京：中央文献出版社，2011．

［18］毛泽东文集：第六卷［M］．北京：人民出版社，1999．

［19］建国以来毛泽东文稿：第1册［G］．北京：中央文献出版社，1987．

二、著作类

［1］陈家刚．协商民主与国家治理：中国深化改革的新路向新解读［M］．北京：中央编译出版社，2014．

［2］伍俊斌，等．协商民主与当代中国民主政治建设［M］．北京：人民出版社，2015．

［3］程彬．基层协商民主制度研究［M］．上海人民出版社，2015．

［4］本书编写组．基层协商民主典型案例选编［G］．北京：人民出版社，2015．

［5］浙江省统一战线理论研究会．基层协商民主案例［G］．杭州：杭州出版社，2015．

［6］陈家刚．协商民主与政治发展［M］．北京：社会科学文献出版社，2011．

［7］陈家刚．协商与协商民主［M］．北京：中央文献出版社，2015．

［8］关振国．中国村民自治视阈下的协商民主研究［M］．长春：吉林大学出版社，2018．

［9］徐湘明．协商民主视角下的人民政协制度研究［M］．上海：上海三联书店，2019．

［10］季丽新，高宝琴，李恒年．农民政治水平和农村民主协商治理机制研究［M］．北京：中国社会科学出版社，2017．

［11］王凯．协商民主视角下的村民自治研究［M］．北京：中国社会科学出版社，2019．

［12］刘汉成，夏亚华．乡村振兴战略的理论与实践［M］．北京：中国经济出版社，2019．

[13] 何包钢．协商民主：理论、方法和实践［M］．北京：中国社会科学出版社，2008．

[14] 沈强，于新恒，朱威丞．中国行政协商民主理论与实践研究［M］．长春：吉林大学出版社，2018．

[15] 安东尼·吉登斯．超越左与右［M］．李惠斌，杨雪冬，译，北京：社会科学文献出版社，2000．

[16] 尤尔根·哈贝马斯．民主的三种规范模式［M］．曹卫东，译，包容他者，上海：上海人民出版社，2002．

[17] 陈剩勇，何包钢．协商民主的发展［M］．北京：中国社会科学出版社，2006．

[18] 陈家刚．协商民主与中国当代政治［M］．北京：中国人民大学出版社，2009．

[19] 马黎辉．中国协商民主理论与实践［M］．北京：社会科学文献出版社，2013．

[20] 费孝通．乡土中国［M］．北京：北京大学出版社，2012．

[21] 乔·萨托利．民主新论［M］．冯克利，译，北京：东方出版社，1998．

[22] 塞缪尔·P. 亨廷顿．变化社会中的政治秩序［M］．王冠华，等译，上海：上海世纪出版集团，2008：57．

[23] 詹姆斯·博曼，威廉·雷吉．协商民主：论理性与政治［M］．陈家刚，译，北京：中央编译出版社，2006．

[24] 韩冬梅．西方协商民主理论研究．北京：中国社会科学出版社，2008．

[25] 约·埃尔斯特．挑战与反思［M］．周艳辉，译，北京：中央编译出版社，2009．

[26] 于小英．协商民主与国家治理研究［M］．北京：中央编译出版社，2015．

[27] 阎孟伟．当代民主政治发展的新路向［M］．北京：人民出版社，2014．

三、论文类

[1] 李严昌．"青县模式"与"麻柳模式"：两个基层民主创新案例的比较［J］．理论导刊，2011（8）．

[2] 单媛. 民主监督与村民自治制度的完善——以广东省蕉岭村务监督制度的实践为例 [J]. 闽南学刊, 2010 (4).

[3] 王国勤. 乡村协商民主的系统化再造——以象山"村民说事"为例 [J]. 浙江社会科学, 2018 (12).

[4] 林尚立. 协商政治: 对中国民主政治发展的一种思考 [J]. 学术月刊, 2003 (4).

[5] 陈家刚. 协商民主: 概念、要素与价值 [J]. 中共天津市委党校学报, 2005 (3).

[6] 陈家刚. 协商民主引论 [J]. 马克思主义与现实, 2004 (3).

[7] 何包钢, 陈承新. 中国协商民主制度 [J]. 浙江大学学报 (人文社会科学版), 2005 (3).

[8] 陈家刚. 协商民主研究在东西方的兴起与发展 [J]. 毛泽东邓小平理论研究, 2008 (7).

[9] 陈剩勇. 协商民主理论与中国 [J]. 浙江社会科学, 2005 (1).

[10] 燕继荣. 协商民主的价值和意义 [J]. 科学社会主义, 2006 (6): 28-31.

[11] 党国英. 我国乡村治理改革回顾与展望 [J]. 社会科学战线, 2008 (12).

[12] 郭正林. 乡村治理及其制度绩效评估: 学理性案例分析 [J]. 华中师范大学学报, 2004 (4).

[13] 金太军. 村庄治理中三重权力互动的政治社会学分析 [J]. 战略与管理, 2002 (2): 105-114.

[14] 欧阳雪梅, 李铁明. 当前村民自治进程中存在的问题及对策研究 [J]. 新视野, 2007 (4).

[15] 钟涨宝, 高师. 后税改时代的乡村治理改革 [J]. 农村经济, 2007 (11).

[16] 张国献. 试论社会主义乡村协商民主 [J]. 中州学刊, 2015 (3).

[17] 何包钢, 王春光. 中国乡村协商民主: 个案研究 [J]. 社会学研究, 2007 (3).

[18] 陈炳辉. 国家治理复杂性视野下的协商民主 [J]. 中国社会科学, 2016 (5).

[19] 杨弘, 郭雨佳. 农村基层协商民主制度化发展的困境与对策——以农村一事

一议制度完善为视角［J］. 政治学研究, 2015 (6).

［20］林尚立. 协商民主是符合中国国情的民主实现形式［J］. 人民日报, 2016 - 08 - 31 (7).

［21］赵秀玲. 协商民主与中国农村治理现代化［J］. 清华大学学报（哲学社会科学版）, 2016 (31).

［22］季丽新. 中国特色农村民主协商治理机制创新的典型案例分析［J］. 中国行政管理, 2016 (11).

［23］何包钢, 周艳辉. 中国农村从村民选举到乡村协商：协商民主试验的一个案例研究［J］. 国外理论动态, 2017 (4).

［24］孙德海. 中国社会主义协商民主的政治价值与实践意义［J］. 马克思主义研究, 2019 (1).

［25］孙存良. 协商民主：人类政治文明的中国智慧［N］. 人民日报, 2019 - 09 - 20 (9).

［26］丁云. 构建协商民主体系 提高国家治理效能［N］. 光明日报, 2020 - 01 - 17 (6).

［27］丁云, 樊宸余. 新中国成立以来农村基层党建与基层治理的发展变迁［J］. 岭南学刊, 2020 (1).

［28］张等文, 郭雨佳. 乡村振兴进程中协商民主嵌入乡村治理的内在机理与路径选择［J］. 政治学研究, 2020 (2).

［29］杨弘, 郭雨佳. 农村基层协商民主制度化发展的困境与对策——以农村一事一议制度完善为视角［J］. 政治学研究, 2015 (6)：20 - 27.

后 记

协商民主既是当代中国政治发展的重要内容，又是中国治理现代化的重要组成部分。它不仅有赖于学者进行深入的理论研究和阐释，也有赖于人民在社会治理的实践中的认同和创造性地施行制度设计。在现实政治生活中，协商民主已经不再是一种抽象的理论或民主想象，它体现在全过程人民民主的各个方面，其中基层协商民主是社会主义协商民主最活跃的实践形式，呈现出广泛化、多层化、制度化发展的趋势，显示出中国共产党领导下的基层治理新特色新趋向。

从政治发展的视野研究中国特色社会主义协商民主的理论、历史与实践，是近十年来我和我的研究生们所致力钻研的主要学术方向。在对协商民主理论和历史孜孜探求的过程中，我们始终坚持三个导向：问题导向、基层导向和实践导向。本书由我和我的学生樊宸余共同完成。我负责全书的框架设计以及基础理论和部分案例的撰写和全书统稿，樊宸余负责当代中国协商民主与基层治理互动过程、内在动力、实质及发展趋向的分析。樊宸余曾是北京工业大学马克思主义学院2018级硕士研究生，在读期间，她结合专业学习，发表了关于基层党建、协商民主与社会治理的论文，对协商民主在中国农村基层治理的实践有了一定研究基础。2020年她考取北京大学马克思主义理论专业的博士以后，相关的研究仍在继续进行。本书即为她的合作研究成果之一。

本书是北京市习近平新时代中国特色社会主义思想研究中心重点项

目"新时代基层党建引领社会治理的内在机理及路径创新研究"(项目号20LLZZB029)的阶段性研究成果之一,感谢北京市习近平新时代中国特色社会主义思想研究中心的项目资助。

本书在撰写过程中得到了北京工业大学马克思主义学院的领导和同事们的支持和帮助。本书的出版得到了知识产权出版社张荣和石红华两位编辑的大力支持。本成果所采用的北京地区案例来自实地调研访谈,其他地区的案例来自网络报道和部门工作资料汇编。在本书付梓之际,对上述提供无私支持、帮助和热情协作的朋友们表示诚挚的感谢。

另外,本书在写作和修改过程中,引用、吸收和参考借鉴了学术界关于基层协商民主与乡村治理研究的部分观点以及新闻报道中的一些资料。在此对相关专家表示崇高的敬意和真挚的谢意。

丁云　谨识
2023年2月